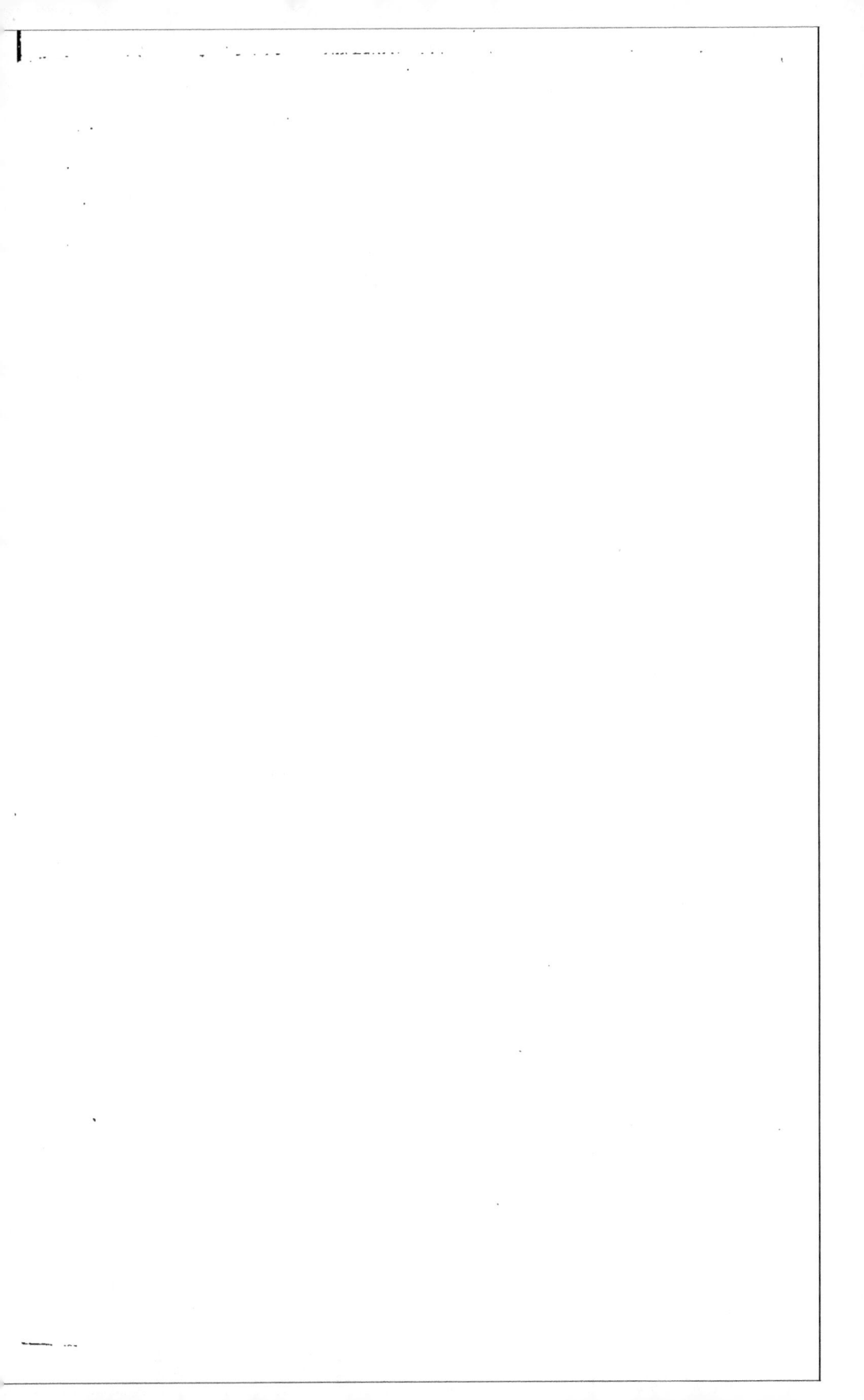

Méziere

MANUEL

DU

SAPEUR – POMPIER

DE SEDAN,

PAR M. DAVID BACOT,

capitaine de la compagnie.

1845

Imprimerie
de Laroche-Jacob.

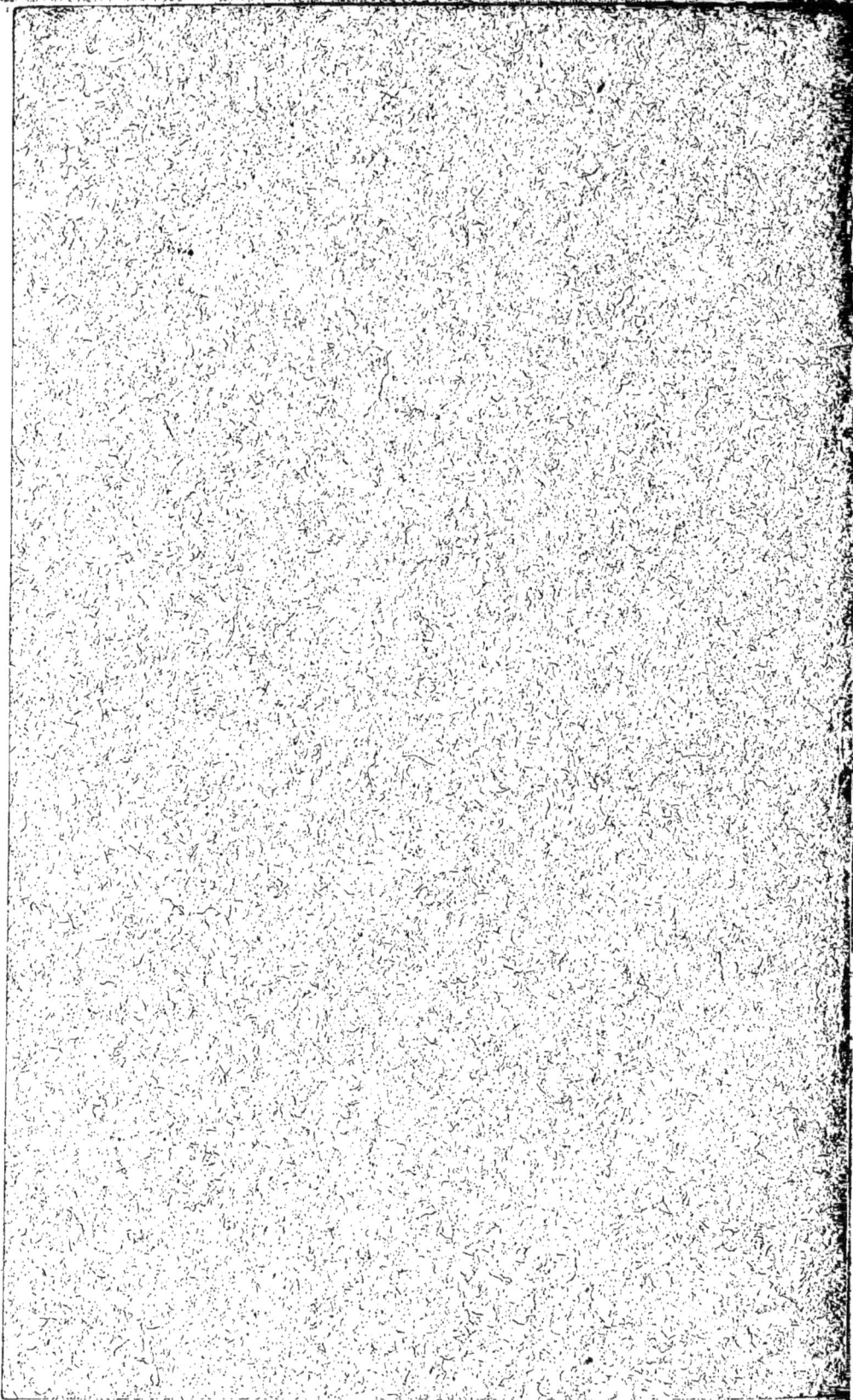

MANUEL

DU

SAPEUR - POMPIER

DE SEDAN.

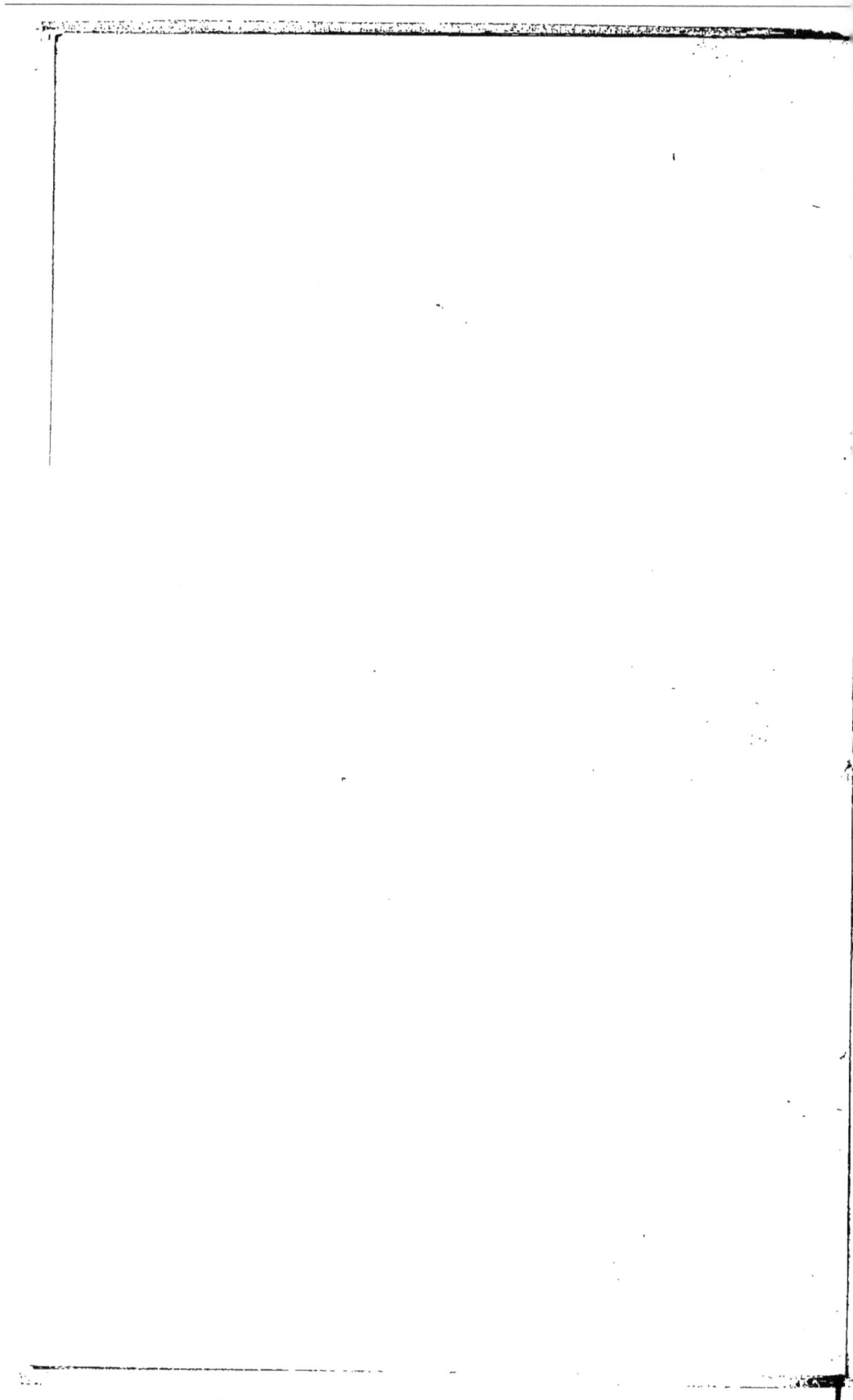

MANUEL

DU

SAPEUR - POMPIER

DE SEDAN,

PAR M. DAVID BACOT,

CAPITAINE DE LA COMPAGNIE.

Première Partie.

—

THÉORIE ET MANOEUVRES.

SEDAN,

Imprimerie de Laroche-Jacob, rue Napoléon, 22.

—

1845

AVIS.

J'ai composé ce Manuel à l'aide des Théories déjà en usage dans diverses localités. L'excellent ouvrage de M. le colonel Paulin, commandant les Sapeurs-Pompiers de Paris, m'a surtout beaucoup servi. M. le colonel Paulin ayant bien voulu m'autoriser à extraire de son Manuel les parties nécessaires à l'instruction des Sapeurs-Pompiers de Sedan, je n'ai eu à m'occuper que de l'application de la Théorie de Paris aux incendies qui peuvent survenir dans notre ville, et de la rédaction des chapitres ayant rapport à la manœuvre de la pompe à quatre roues (1).

J'ai divisé ce Manuel en deux parties : la première partie traite des diverses machines nécessaires dans les incendies, de leurs manœuvres et de leur entre-

(1) Les Pompes à incendie employées à Paris sont montées sur deux roues.

tien ; elle contient également les procédés à suivre dans l'attaque des différents feux. La seconde partie comprend, avec le règlement des Sapeurs-Pompiers de Sedan, la combinaison de leur service avec celui de la garde nationale, en cas d'incendie, ainsi que les chapitres spécialement applicables à notre localité. Cette seconde partie a été soumise à l'approbation de l'autorité supérieure.

Mon plus vif désir est que cet ouvrage, destiné à l'instruction des Sapeurs-Pompiers de Sedan, soit également utile aux compagnies de Sapeurs-Pompiers des communes du département des Ardennes. Pour atteindre ce but, j'ai mis tous mes soins à rendre le Manuel aussi clair, aussi bref que possible, tout en ne négligeant aucune des notions importantes au service.

David Bacot,

Capitaine commandant la compagnie des
Sapeurs-Pompiers de Sedan.

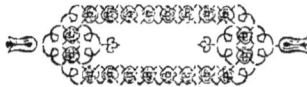

MANUEL DU SAPEUR - POMPIER.

❦

ARTICLE PREMIER.

Équipement de la Pompe.

La pompe à incendie en usage dans l'arrondissement de Sedan, est montée sur un charriot à quatre roues. Elle consiste en une pompe à double piston, dans une bâche en cuivre garnie de deux tamis d'osier, avec balancier en fer. Elle est équipée de 25 mètres de conduits en cuir, divisés en quatre demi-garnitures avec raccords en cuivre, et d'une lance en cuivre avec sa bricole en cuir, et deux orifices de rechange.

Elle doit posséder en outre :

* Une clef de raccords ;
* Une clef à écrou ;
* Une eusse de rechange ;
* Un crochet de conduits de rechange ;
* Un marteau ;
* Un ciseau en fer ;
* Une tenaille ;
* Deux crochets de couvreur ;
* Trois boites de ferblanc, pour feutres, soufre et graisse ;
* Une brosse ;
* Un cordeau ;
* Une corde à balayer ;
Quatre bricoles ;

Une pelle ;
Une pioche ;
Une hache ;
Trois leviers ;
Une échelle plate ;
Douze seaux en osier, attachés aux balanciers ;
Dix-huit seaux en toile à voile, dans un sac ;
* Une torche ;
Une lanterne ;
Un sac en cuir pour contenir les ligatures et les objets nécessaires à la réparation des conduits.

Tous les objets désignés par un astérisque (*) doivent être renfermés dans le coffret à l'avant de la pompe; le sac à seaux est bouclé sur le coffret; les pelle, pioche, hache et leviers sont adaptés et bouclés sur les flancs de la pompe; les échelles se placent sur le balancier.

Une pompe ainsi équipée est toujours prête à agir seule en toutes circonstances.

ARTICLE 2.

Machines accessoires contre les Incendies.

Les agrès nécessaires sont :

1° SEAUX A INCENDIE.

Les meilleurs sont les Seaux de toile à voile, dont l'ouverture est formée par un cercle en rotin des Indes, au lieu de corde : ce cercle conserve au Seau sa forme cylindrique, qui permet de puiser dans les pièces d'eau les moins profondes.

2° ECHELLES A CROCHETS.

L'Echelle à Crochets se compose de deux montants en frêne de 4 mèt. de longueur, courbés au feu à une des extrémités; ces extrémités sont garnies de plates-bandes en fer sur l'épaisseur, afin de leur donner de la solidité, et d'un sabot qui permet de maintenir l'Echelle sur un appui de croisée. Les montants sont brisés à la moitié, de manière à pouvoir, au moyen d'une charnière, se replier l'un sur l'autre, et se déployer en étant fixés dans cette position, par deux plates-bandes en fer, maintenues par un boulon à écrou; des rouleaux en chêne, disposés dans la hauteur, servent d'échelons.

Au moyen de cette Echelle, un homme peut monter d'étage en étage, et en quelques minutes au haut d'une maison incendiée.

3° HACHES.

Indépendamment de la Hache dont chaque pompe est munie, il y en a d'autres ayant forme de Hache d'abordage et à pic, qui sont plus spécialement consacrées à couper les charpentes et à dégrader la maçonnerie; ces Haches sont confiées à l'escouade de sape.

4° CROCS.

On appelle ainsi une forte et longue hampe de bois terminée par un solide crochet double en fer. Ces Crocs servent à abattre des parties de charpente embrasées; à retirer du foyer des bois et autres objets inflammables qui peuvent être sauvés; à accumuler sur un foyer du fumier ou autres matières, en cas de disette d'eau; à remuer ou extraire les pailles, bois enflammés, enfin à dégarnir les toits en chaume et les meules.

5° SAC DE SAUVETAGE.

On appelle ainsi un Sac en fort treillis, assez large pour y introduire une personne, et long de 15 mètres; on adapte solidement au Sac, du coté de son ouverture, un fort bâton en frêne de 2 mètres de longueur, qui sert à maintenir le sac, en s'appuyant transversalement contre les joues de la fenêtre où on veut le placer. L'autre extrémité du Sac est fermée par une coulisse; sur les côtés sont placées des poignées en corde. Quand un sapeur a monté le Sac au moyen de l'échelle à crochets, à l'étage incendié, il fait entrer dans l'ouverture du Sac les objets précieux et les personnes à sauver : celles-ci arrivent sans accidents à l'extrémité inférieure qui est maintenue dans la rue.

6° APPAREIL PAULIN.

Cette utile invention du colonel Paulin, contre l'asphyxie par la fumée, consiste en une blouse en basane avec un masque en verre épais. Cette blouse est serrée sur les hanches par une ceinture : des bretelles à boucles la fixent aux poignets et aux jambes du sapeur. Pour recevoir l'air nécessaire à la respiration, cette blouse est percée du côté gauche, et à hauteur de la poitrine, d'un trou auquel est adapté un raccord en cuivre et un conduit qui correspond à une pompe à incendie ; celle-ci, fonctionnant à vide, envoie dans la blouse la quantité d'air frais nécessaire, et permet au sapeur qui en est couvert de rester, sans crainte d'asphyxie, dans la fumée la plus infecte.

7° POMPES A MAIN.

Ces petites Pompes sont fort utiles pour les feux de cheminée; elles sont sous forme de hotte, et le sapeur qui s'en sert peut les manœuvrer d'une main et tenir de l'autre la lance pour arroser les objets en combustion.

8° CHAINE.

Lorsque les cheminées sont bonnes on peut, en cas de feu, se servir d'une longue Chaîne de fer, terminée par un boulet ramé; on introduit cette chaîne par l'ouverture de la cheminée et on la ramone en laissant tomber la Chaîne du haut dans le foyer.

ARTICLE 3.

Manœuvre de la Pompe à quatre roues.

PREMIÈRE LEÇON.

Formation de l'escouade devant la Pompe à 50 centimètres de la flèche, lui tournant le dos.

PREMIER RANG.	DEUXIÈME RANG.
1. Caporal porte-lance.	1. Caporal tête-chaîne.
2. 1er Porte-conduit.	2. 1er Servant.
3. 2e —	3. 2e —
4. 3e —	4. 3e —
5. 4e —	5. 4e —
6. 5e —	6. Serrurier.
7. Aide-pompe.	

Le Sergent se tient à la droite du Caporal porte-lance ;
Le premier Porte-Hache, à 1 mètre à droite du Sergent ;
Le deuxième Porte-Hache, derrière le premier, à hauteur du deuxième rang.

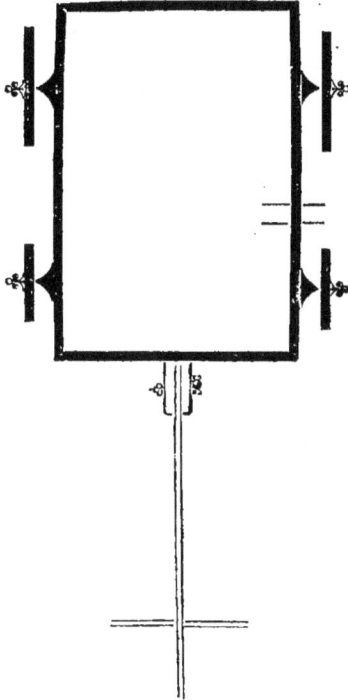

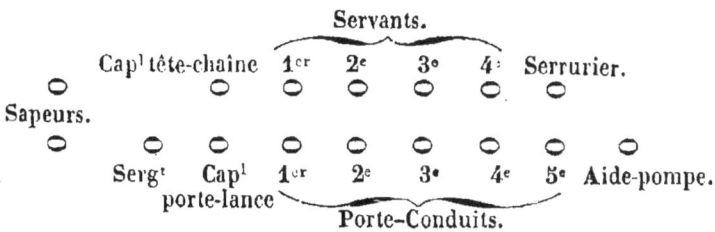

		Servants.				
	Cap¹ tête-chaine	1ᵉʳ	2ᵉ	3ᵉ	4ᵉ	Serrurier.

Sapeurs.

			Serg¹	Cap¹	1ᵉʳ	2ᵉ	3ᵉ	4ᵉ	5ᵉ	Aide-pompe.
				porte-lance		Porte-Conduits.				

DEUXIÈME LEÇON.

Le peloton étant en bataille sur le devant de la pompe, le faire entrer en pompe.

COMMANDEMENTS.		EXÉCUTION.
INSTRUCTEUR.	SERGENTS.	
Pour entrer en pompe, Sapeurs, par le flanc gauche. — *A gauche!* . . .	Le Sergent se porte en avant et en face du peloton.	Tous les Sapeurs font à gauche.
Par file à gauche, à vos postes! — *Marche!*	Le Sergent regarde filer son peloton; il rectifie les hommes qui se trompent.	Le dernier homme de gauche du 1er rang se porte à gauche de la pompe, du côté de l'orifice; il est suivi par les hommes du premier rang : le Caporal porte-lance ferme la file. Le dernier homme de gauche du deuxième rang se porte à la droite de la pompe; il est suivi par les hommes du deuxième rang : le Caporal tête-chaîne ferme la file. Les deux Porte-Haches se portent à un mètre en avant de la flèche en tête de leur rang respectif.
	Quand les deux hommes de gauche du 1er et du 2e rang ont passé le balancier de derrière, il commande : *Halte!* — *Front!*	Les hommes font face à la pompe : le premier rang par un à gauche, le deuxième rang par un à droite.

COMMANDEMENTS.		EXÉCUTION.
INSTRUCTEUR.	SERGENTS.	
		Les porte-haches font, par demi-tour, face en avant. L'aide-pompe se porte sur le derrière de la pompe, fait face à la pompe.
A droite et à gauche. — *Alignement !*	Le Sergent fait aligner les deux rangs sur les Caporaux, et se porte à un mètre en avant de la flèche faisant face à la pompe.	
Fixe !		

Indication des postes.

PREMIER RANG.

1. Caporal porte-lance, hauteur de la flèche.
2. 1er porte-conduit, en avant de la roue de devant.
3. 2e porte-conduit, au moyeu.
4. 3e — entre les deux roues.
5. 4e — au moyeu de la roue de derrière.
6. 5e porte-conduit, derrière la roue de derrière.
7. Aide-pompe, derre la pompe.

DEUXIÈME RANG.

1. Caporal tête-chaîne, hauteur de la flèche.
2. 1er servant, en avant de la roue de devant.
3. 2e servant, au moyeu de devant.
4. 3e servant entre les deux roues.
5. 4e — au moyeu de la roue de derrière.
6. Serrurier, derrière la roue de derrière.

(*Voir la planche ci-contre.*)

Quand les hommes sont à leurs postes, le Sergent fait numéroter les deux rangs par la droite : les numéros impairs sont les bricoliers de départ; les numéros pairs sont les bricoliers de rechange, lorsque les autres sont fatigués.

8

Aide–Pompe.

Serrurier O≪   ≫O 5e

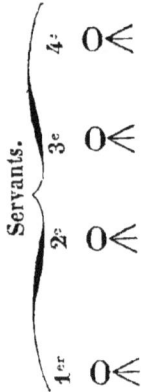O≪ 4e   4e ≫O

O≪ 3e   3e ≫O   Porte-Conduits.

O≪ 2e   2e ≫O

Servants.   1er ≫O   1er RANG.

1er O≪

2e RANG.

Caporal tête-chaîne. O≪   ≫O Caporal porte-lance.

⅄
O

Sergent.

⅄   ⅄
O   O

Sapeur.   Sapeur.

TROISIÈME LEÇON.

Les sapeurs étant à leurs postes sur les flancs de la pompe, faire conduire la pompe en avant, en arrière, à droite et à gauche.

COMMANDEMENTS.		EXÉCUTION.
INSTRUCTEUR.	SERGENTS.	
Pompe, au départ!.......		Au commandement, les deux bricoliers de droite se fendent du pied gauche vers le crochet et accrochent la bride de la main gauche. Les deux bricoliers de gauche se fendent du pied droit et accrochent de la main droite.
Pompe en avant!	Le Sergent se porte à la droite du Caporal porte-lance.	Les deux premiers bricoliers de chaque rang saisissent la traverse de la flèche. Les bricoliers de rechange poussent aux leviers du balancier.
Marche!....		Les Caporaux marchent en tête de leurs files. Les bricoliers font effort et conduisent la pompe dans la direction indiquée. L'aide-pompe marche derrière pour ramasser les objets qui pourraient tomber; il pousse au besoin le derrière de la pompe.
Tournez à droite (ou à gauche). — Marche!......		Les bricoliers qui tiennent la flèche font décrire à la pompe un quart de cercle, et reprennent la marche directe aussitôt la conversion achevée.

COMMANDEMENTS.		EXÉCUTION.
INSTRUCTEUR.	**SERGENTS.**	
Halte!	Le Sergent reprend son poste en tête de la flèche.	Les hommes s'arrêtent ; les deux premiers bricoliers quittent la flèche et se remettent à leur alignement.
Pompe en arrière.		Les bricoliers de droite marchent en arrière par demi-tour à droite; les bricoliers de gauche par demi-tour à gauche. Les deux premiers hommes du premier et du deuxième rang, qui ne sont pas bricoliers, saisissent la traverse de la flèche.
Marche!		Les hommes qui sont à la flèche la maintiennent et la dirigent ; les bricoliers font effort comme dans le paragraphe premier.
Halte!		Chacun reprend son poste face en avant.
Pompe à droite (ou à gauche). — *Marche!*	Le Sergent fait le mouvement.	Les bricoliers qui tiennent la flèche, font à droite ou à gauche et dirigent la pompe du côté indiqué.
Halte!		Dans tous ces mouvements les porte-haches se tiennent à la tête de leur rang respectif, à un mètre de distance des Caporaux.

QUATRIÈME LEÇON.

Faire manœuvrer la pompe quand elle est arrivée à sa destination.

COMMANDEMENTS.		EXÉCUTION.
INSTRUCTEUR.	SERG. et CAP.	
En manœuvre!.	Le Sergent reprend son poste en avant de la flèche et surveille l'exécution des commandemens de l'instructeur; le Caporal tête-chaîne s'occupe de l'approvisionnement d'eau par les chaînes pendant l'incendie ; à la manœuvre , il surveille et aide les mouvements à la pompe.	Les bricoliers décrochent, relèvent les cordes d'attache de leurs bricoles et les fixent à l'anneau.
Aux conduits!.		Les premier et deuxième servants se portent au balancier du côté de la flèche. Les troisième et quatrième servants se portent à l'arrière. L'aide-pompe se porte sur le flanc gauche de la pompe, à l'orifice, et le serrurier sur le flanc droit.
Développez ! . .		L'aide-pompe et le serrurier développent les conduits. Le Caporal porte - lance , ayant reçu le bout du conduit, se porte en avant au lieu indiqué, suivi des porte-conduits qui se trouvent distancés par la longueur des raccords. Le premier porte-conduit ne doit jamais quitter le porte-lance pour lui porter aide au besoin.
Serrez les raccords!.	Le Caporal porte-lance monte sa lance.	L'aide-pompe enjambe les conduits et serre les raccords.
Chargez!	Le Sergent répète le commandement au sifflet.	Les servants saisissent les leviers du balancier et le font agir, en ayant soin de ne jamais le relever avec force, mais seulement appuyer dessus pour

COMMANDEMENTS.		EXÉCUTION.
INSTRUCTEUR.	SERGENTS.	
		ne pas se fatiguer inutilement. Il faut pomper lentement et à grands coups, pour que le jet soit constant et énergique.
Halte!	Le Sergent répète au sifflet.	Les hommes du balancier s'arrêtent au moment où l'un des côtés touche le taquet.
Videz les conduits!	Le Caporal porte-lance démonte sa lance.	Le premier et le troisième servants démontent un des leviers du balancier, se portent près de l'orifice, passent le levier sous le conduit et le soulèvent jusqu'au Caporal portelance, pour ne pas laisser d'eau dans les conduits.
Sur la pompe. — *Ramenez!* . . .		Le Caporal porte-lance et les cinq porte-conduits font un demi-tour à droite et ramènent les conduits vers la pompe sur laquelle ils sont replacés par l'aide-pompe et les servants.
A vos postes! . .		Chacun reprend son poste, indiqué à la deuxième leçon.

Pendant tous ces mouvements les porte-haches se sont portés, si c'est un incendie, aux places indiquées. Si c'est une inspection, ils font la police du champ de manœuvre; ils empêchent les curieux de gêner le travail et aident à pomper avec les servants.

———

CINQUIÈME LEÇON.

Le peloton se trouvant à son poste sur les flancs de la pompe, le porter en avant en bataille.

COMMANDEMENTS.		EXÉCUTION.
INSTRUCTEUR.	SERGENTS.	
Pour sortir de pompe, par le flanc droit et par le flanc gauche! — *A droite et à gauche !* . . .		Le premier rang fait par le flanc gauche; le deuxième rang par le flanc droit.
En avant en bataille. — *Marche !*	Le Sergent répète le commandement marche, et se porte vivement à la droite de l'emplacement que doit occuper le peloton.	Les deux porte-haches se portent vivement à un mètre à droite du Sergent. Le Caporal porte-lance se porte par file à droite à la gauche du Sergent; il est suivi du premier rang. Le Caporal tête-chaîne exécute le mouvement et se porte sur la ligne de bataille, en faisant couvrir les files du premier rang par les hommes du rang qu'il commande.
Sapeurs sur la ligne!	Le Sergent-Major sert d'adjudant et place les sapeurs jalonneurs sur l'alignement.	Le premier porte-hache de chaque peloton sort des rangs et se place sur le nouvel alignement.
Chefs de peloton, rectifiez l'alignement !	Les Sergents rectifient l'alignement sur les sapeurs jalonneurs.	
Fixe !	Le Sergent répète le commandement.	Tous les hommes restent immobiles.
Sapeurs à vos places !		Les sapeurs jalonneurs reprennent leurs places de bataille.

SIXIÈME LEÇON.

§ 1er.

Le peloton étant en bataille sur le devant de la pompe,
le porter en arrière de la pompe pour faire l'inspection.

COMMANDEMENTS.		EXÉCUTION.
INSTRUCTEUR.	**SERGENTS.**	
Sur le derrière de la pompe, à droite, par file en bataille.—*Marche!*	Le Sergent commande : Par le flanc droite. — *A droite!*	Tous les hommes font à droite ainsi que les sapeurs qui précèdent.
	Par file à droite. — *Marche!*	Le peloton marche par file à droite jusqu'à la hauteur du derrière de la pompe.
	Sur la droite par file en bataille. — *Marche!*	Le Caporal du premier rang tourne à droite, coude à coude avec le Sergent, et va se placer à sa gauche ; il est suivi par tous les hommes de son rang.
	NOTA. *Le Sergent doit avoir soin de bien faire exécuter carrément le mouvement, par file à droite, afin que le peloton se trouve sur le derrière de la pompe dans une ligne parallèle à celle qu'il occupait sur le devant.*	Le Caporal du deuxième rang exécute le mouvement de la même manière que le premier rang, en ayant soin de ne commencer que lorsqu'il y a deux hommes du premier rang formés sur la ligne ; les hommes du deuxième rang se placent derrière leurs chefs de file.
A droite, alignement. — *Fixe!* . .	Le Sergent rectifie l'alignement.	
Inspection.	Le Sergent marche au coffret de la pompe et l'ouvre. Quand l'inspection est terminée, le Sergent retourne à son poste.	L'aide-pompe se porte au coffret de la pompe, le vide et attend que l'inspection soit terminée pour remettre dans le coffret et retourner à son poste. Le reste du peloton ne bouge pas.

§ 2.

Le peloton étant à son poste sur les flancs de la pompe, le porter directement à l'arrière pour faire l'inspection.

COMMANDEMENTS.		EXÉCUTION.
INSTRUCTEUR.	**SERGENTS.**	
Sur le derrière de la pompe, à droite, par file en bataille. — *Marche*!.......		
	Le Sergent commande : Sapeurs, par le flanc droit et par le flanc gauche, à droite et à gauche, en avant. —*Marche*!	Les deux rangs exécutent le mouvement de à droite et à gauche. Tant que les deux premières files du premier rang n'ont pas dépassé l'extrémité de la flèche, le deuxième rang marque le pas; le Sergent commande par file à droite et suit l'instruction de l'article précédent.
	Le Sergent se porte à droite du Caporal porte-lance pour conduire le peloton, les sapeurs en avant.	

SEPTIÈME LEÇON.

Le peloton étant en bataille en arrière de la pompe, le faire entrer en pompe.

COMMANDEMENTS.		EXÉCUTION.
INSTRUCTEUR.	SERGENTS.	
Pour entrer, en avant, en pompe, sapeurs, par le flanc droit. — *A droite!*		Tous les hommes font à droite.
Par file à gauche à vos postes. — *Marche!*	Le Sergent répète le commandement *Marche*, et se porte vivement à son poste en faisant face à la pompe.	Le Caporal porte-lance fait deux fois par file à gauche, pour conduire le premier rang à la gauche de la pompe. Le Caporal tête-chaîne conduit le deuxième rang à la droite de la pompe et raccourcit le pas pour se maintenir à la hauteur du premier rang. Les Sapeurs marchent en tête de leur rang respectif.
	Quand les derniers hommes de gauche de chaque rang sont arrivés à leurs postes, le Sergent commande : *Halte! — Front!*	Le premier rang fait front par un à droite, le deuxième rang par un à gauche.

HUITIÈME LEÇON.

POUR DÉFILER EN COLONNE.

Les pelotons étant à leurs postes sur les flancs des pompes, faire exécuter le défilé.

COMMANDEMENTS.			EXÉCUTION.
CAPITAINE.	**LIEUTENANS**	**SERGENTS.**	
Pour défiler!	Les lieutenants se portent au centre de leurs divisions.	Chaque Sergent commande: Par le flanc droit et par le flanc gauche, — *Au départ!* et se porte à gauche du Caporal porte-lance.	Tous les sapeurs porte-haches se portent en tête et forment un peloton sous le commandement de leur sergent. Les bricoliers reprennent leurs bricoles et exécutent le premier temps de la troisième leçon. Le premier rang fait par le flanc gauche, le deuxième rang par le flanc droit.
Par pompe, à droite (ou à gauche). — *Marche!* . . .	Les lieutenans indiquent la nouvelle direction et répètent le commandement: *Marche!*	Chaque Sergent a soin que sa pompe soit sur l'alignement de celles qui précèdent.	Les bricoliers dirigent la pompe à droite ou à gauche, par une conversion.
Colonne en avant. Pas accéléré. — *Marche!*	Les Lieutenants répètent le commandement: *Marche!*		Au commandement du chef de division, les bricoliers se portent en avant.

COMMANDEMENTS.

CAPITAINE.	LIEUTENANS	SERGENTS.	EXÉCUTION.
Tête de colonne *à droite* (ou *à gauche*) !.	Avant d'arriver au point de conversion, les chefs de division commandent : Tournez à droite (ou à gauche).— *Marche* ! . . , . .		Les bricoliers qui tiennent la flèche font décrire à la pompe un quart de cercle, et reprènent la marche directe aussitôt la conversion achevée.
Colonne. — *Halte*!	Les Lieutenants répètent. — *Halte*! . .		
A droite (ou à gauche) en bataille. — *Marche*!	Les Lieutenants indiquent la direction et répètent : — *Marche*! . .		Les bricoliers exécutent une conversion pour revenir en bataille.

Dans les manœuvres en ligne, les chefs de divisions se placent en avant, au centre de leurs divisions.

Dans les marches en colonne, ils se placent à la gauche et au centre de leurs divisions; ils veillent à ce que les pompes conservent exactement leurs distances, afin de n'être pas gênés dans les conversions ou dans les formations en bataille. Pour les autres manœuvres de ligne, suivre la théorie d'infanterie.

ARTICLE 4.

Manœuvre de l'Échelle à Crochets.

Si on veut monter de la rue à un étage quelconque de la maison incendiée, le premier Sapeur porte-hache ou porte-conduit prendra l'Echelle à Crochets; il la posera les crochets en l'air, la dédoublera, la retournera ensuite en plaçant les crochets contre terre, dévissera l'écrou, enlèvera le boulon, abattra la plate-bande, et replacera le boulon et l'écrou de manière à empêcher l'échelle de se reployer.

Le premier Sapeur prendra ensuite l'Echelle, la portera verticalement le long du mur, l'élèvera, les crochets en dehors, jusqu'à ce qu'il ait atteint l'appui de la croisée du premier étage; il la retournera, saisira l'appui avec les crochets, montera, et arrivé sur l'appui de la croisée il descendra dans l'appartement, et maintiendra l'échelle, par les crochets, pour qu'elle ne vacille pas pendant que le Caporal porte-lance ou le second Sapeur porte-hache montera.

Lorsque les deux Sapeurs seront arrivés au premier étage, le premier se placera sur l'appui de la croisée, se retournera face à l'extérieur, et sera retenu par l'autre Sapeur qui, à cet effet, le saisira par l'anneau de sa ceinture. Le premier Sapeur se baissera, prendra l'Echelle par les crochets, l'enlèvera en l'appuyant contre son corps, les crochets en dehors, en la maintenant bien verticalement; il l'élèvera en la faisant glisser de main en main.

Lorsque le Sergent de la pompe, qui est resté en bas et qui doit suivre tous les mouvements, verra que les crochets ont dépassé l'appui de la croisée du deuxième étage, il commandera: *Tournez!* Alors le Sapeur appuiera les deux mains contre sa poitrine en les croisant, retournera l'Echelle, les crochets en dedans, et la laissera descendre afin que les crochets reposent sur l'appui de la croisée.

L'Echelle assurée, le Sapeur se retournera et montera au second étage, pendant que le second Sapeur maintiendra l'Echelle du bas pour l'empêcher de vaciller. Celui-ci montera ensuite, quand le premier Sapeur, arrivé au deuxième étage, pourra maintenir l'Echelle par les crochets; ainsi de suite d'étage en étage.

Arrivés à leur destination, les Sapeurs feront attacher à

5

leur cordeau les objets dont ils pourront avoir besoin, et qu'ils devront demander au Sergent chef de pompe.

ARTICLE 5.

Manœuvre du Sac de Sauvetage.

Lorsqu'on aura été prévenu que dans une maison incendiée il y a, à tel ou tel étage, des personnes à sauver et que les escaliers ne sont pas praticables, le Chef des Pompiers enverra prendre le Sac de Sauvetage et commandera : *Sac à terre, à l'échelle !*

A ce commandement, le Chef des Sapeurs porte-haches attachera son cordeau à l'anneau de sa ceinture, et il montera, avec un Sapeur de son escouade, aux étages, à l'aidé de l'échelle à crochets; pendant ce temps, un Sapeur attachera l'extrémité du cordeau à l'anneau du Sac de Sauvetage, et disposera le Sac. Le Chef et le Sapeur, arrivés au lieu où il y a des personnes à sauver, tireront à eux le Sac de Sauvetage, le disposeront en plaçant le bâton en travers des deux montants de la croisée, et maintiendront, à l'aide des courroies, l'ouverture du Sac.

Les Sapeurs restés dans la rue saisiront l'extrémité du Sac, l'éloigneront le plus possible du pied de la maison pour adoucir la pente. Lorsque tout sera prêt, ils préviendront le Chef par un coup de sifflet; alors, seulement, celui-ci fera entrer dans le Sac les personnes qui, en se laissant glisser, arriveront en bas sans inconvénient.

ARTICLE 6.

Manœuvre de l'Appareil Paulin.

Lorsque dans un feu de cave ou d'atelier, la fumée qui s'exhale peut être de nature à présenter des dangers, si on la respirait, on se servira de l'Appareil, en suivant les indications ci-après :

Le Sergent chef de pompe fera développer les conduits et les essaiera à sec pour s'assurer qu'ils retiennent l'air, et les fera mouiller s'ils le laissent perdre. L'Aide-Pompe ajoutera à la dernière demi-garniture le boudin de la blouse, et serrera tous les raccords pour éviter les fuites d'air; il aura eu soin, d'abord, de bien vider les demi-garnitures et la bâche.

La pompe sera placée, autant que possible, hors d'atteinte de la fumée, pour n'envoyer au Caporal porte-lance que de l'air pur.

Lorsque le Caporal aura pris les renseignements sur la position de l'endroit embrasé et que la pompe sera préparée, il se couvrira de l'Appareil, en faisant boucler avec soin les bracelets et les bretelles, et fera sa reconnaissance. Il ordonnera la manœuvre de la pompe à air, et entrera dans la maison en ayant dans sa ceinture un marteau, un clou et son cordeau. Arrivé au lieu de l'incendie, il plantera son clou dans le mur à hauteur d'appui; il attachera son cordeau au clou et sifflera pour annoncer son retour. Les Servants de la pompe l'aideront alors à revenir en ramenant doucement à eux les conduits attachés au Caporal : celui-ci tiendra le cordeau à la main, et l'attachera à l'entrée de la maison pour retrouver ensuite son chemin.

Lorsque la reconnaissance sera faite, le Caporal demandera la lance de la seconde pompe, qui sera placée du côté opposé à la pompe à air, et il pénètrera dans la cave, en tirant à lui les conduits de la pompe à air et ceux de la pompe à eau qui devront être vides. Il aura soin de se placer entre eux deux, pour éviter que les boyaux ne se brouillent. Arrivé de nouveau, à l'aide de son cordeau, au foyer de l'incendie, il sifflera pour ordonner la manœuvre de la pompe à eau et éteindra le feu. Pendant toute la manœuvre, les Porte-Conduits auront soin de tenir les conduits bien arrondis, pour éviter des étranglements qui intercepteraient le passage de l'air.

Les coups de sifflet ne regarderont jamais les hommes qui manœuvrent la pompe à air: celle-ci doit toujours fonctionner à toute volée tout le temps que le Caporal sera recouvert de l'Appareil.

ARTICLE 7.

FEUX.

On compte sept espèces de Feux qui sont :
1° Feux de cheminées ;
2° Feux de caves ;
3° Feux de rez-de-chaussées ;
4° Feux de chambres ;
5° Feux de combles ;
6° Grands incendies ;
7° Meules de Blé et Magasins à Fourrages.

Chacune de ces localités présentant par sa position des circonstances différentes, nous allons décrire les moyens et les ustensiles nécessaires pour se rendre maître du feu.

ARTICLE 8.

Feux de Cheminées.

Lorsque le tocsin annonce un Feu de Cheminée, les premiers Sapeurs avertis doivent s'y rendre avec la chaîne et la pompe à main qu'ils iront prendre au poste le plus voisin (1).

Dès l'arrivée des Sapeurs-Pompiers, le Caporal porte-lance fera réunir quelques seaux pleins, et se procurera un drap mouillé ou toile quelconque qu'il placera devant la cheminée pour intercepter le courant d'air ; plusieurs seaux d'eau seront également placés en dedans de la cheminée pour recevoir les parties de suie embrasée ; il nettoiera avec un balai, et aussi haut que possible, l'intérieur de la cheminée ; il fera fermer les fenêtres et portes de l'appartement, et recommandera à un Sapeur de jeter continuellement de l'eau sur le drap pour éviter qu'il ne puisse brûler.

Avec l'aide des Sapeurs qui se trouveront dans l'appartement, le Caporal fera fortement appuyer le drap mouillé sur la tablette et sur les côtés de la cheminée, pour empêcher l'air de l'appartement de s'y introduire, et saisissant avec

_____

(1) Il y a une chaîne et une pompe à main au poste de l'Hôtel-de-Ville et à celui de la Halle.

force le drap par le milieu, il le tirera brusquement en arrière et le relâchera ensuite pour recommencer. Dans le premier mouvement, l'air descendra en colonne de la cheminée vers la chambre, parce qu'il y aura un vide de fait; au second, l'air sera refoulé de la chambre vers le haut de la cheminée : cette colonne d'air, faisant va et vient dans la cheminée, la ramonera et fera tomber la suie.

Pendant cette opération, le Sapeur porte-hache, accompagné d'un Sapeur et du maître de la maison, suivra la direction des tuyaux de cheminée pour voir s'ils ne sont pas crevassés, et s'ils ne peuvent laisser communiquer la flamme dans les parties du bâtiment qu'ils traversent. Si quelques ventouses ou crevasses donnaient passage à des étincelles ou à la fumée, il ferait soigneusement boucher les ouvertures et placerait auprès, en surveillance, un Sapeur avec un seau d'eau.

Le feu continuant, le Caporal devra monter sur le toit, et faire agir la chaine dans l'intérieur de la cheminée pour entraîner une partie de la suie embrasée. Il est bien entendu que ces moyens ne seront employés qu'à défaut de pompe à main, dont le secours est encore le plus efficace et le plus prompt.

A défaut d'Officier, le Sergent de l'escouade de service prend le commandement; pour éviter l'encombrement, il ne fera monter dans la maison que le nombre de Sapeurs nécessaire, et fera rester les autres dans la rue sous les ordres du Caporal tête-chaine. Avant l'arrivée de la garde nationale ou de la troupe, il posera des factionnaires à l'entrée de la maison, en leur donnant pour consigne de ne laisser pénétrer que les propriétaires de la maison qui se seront fait reconnaître; il surveillera les opérations mentionnées ci-dessus, qui ont pour but l'extinction du feu. Si le feu se communiquait et devenait violent, il enverrait le piquet resté dans la rue chercher les pompes, et ferait battre le rappel des pompiers.

Le Feu de Cheminée étant éteint, le Chef des Sapeurs-Pompiers devra requérir le maître de la maison de faire venir un ramoneur qui achèvera de nettoyer la cheminée en sa présence. Il devra faire un rapport au Capitaine, si, par vice de construction, des pièces de bois traversent la cheminée; s'il y a des dégradations qui facilitent l'agglomération de la suie, enfin s'il y a des crevasses par où la flamme peut entrer chez les voisins.

ARTICLE 9.

Feux de Caves et Ateliers infectés.

Il faut amener pour l'extinction de ces feux, les pompes et l'appareil Paulin (1).

Pour attaquer un Feu de Cave ordinaire, on commence par l'étouffer, le plus possible, en fermant les soupiraux et les portes, de manière à intercepter les courants d'air. On s'informe ensuite, près des habitants, de la direction à prendre pour arriver à la cave, des détours à faire et de l'espèce des matières en combustion.

Ces données une fois obtenues, le Caporal porte-lance et le premier Porte-Conduit se couvrent la bouche et le nez avec un mouchoir imbibé d'eau; ils attachent leur cordeau à la rampe de l'escalier, et descendent à reculons, le corps le plus près possible de terre pour ne respirer que la couche d'air la moins chargée de fumée. Lorsque le Caporal aura trouvé le foyer, il en reconnaîtra la position et l'étendue, et reviendra à la pompe avec son Servant, en ayant soin de laisser la corde au point d'arrivée, afin de pouvoir la retrouver facilement.

Le Caporal prendra alors la lance et il se dirigera de nouveau au foyer et sifflera pour commander la manœuvre; si la porte de la cave est fermée, il se fera accompagner d'un Sapeur porte-hache pour l'ouvrir. Lorsqu'on se croira maître du feu, on fera ouvrir les soupiraux afin de faire évacuer la fumée, et le Caporal pénétrera dans la cave, la lance à la main, pour éteindre jusqu'à la dernière étincelle.

Il pourrait arriver le cas où il y aurait impossibilité de pénétrer par l'escalier; alors on attaquerait par le soupirail le plus voisin du foyer, après avoir eu soin de fermer les autres soupiraux. On ferait descendre la lance dans la cave après avoir attaché l'orifice à un cordeau; on ferait manœuvrer et l'on chercherait le foyer qu'on reconnaîtrait au pétillement que fait le feu quand l'eau tombe dessus.

On évitera le plus possible de lancer de l'eau contre les

(1) Il est placé au corps de garde de l'Officier, à la Mairie.

voûtes, afin de ne pas faire éclater les voussoirs, ce qui nui-
rait au bâtiment.

Si l'intensité du feu et la nature de la fumée qui sort de
la cave ne permettent pas de se servir des procédés énoncés
ci-dessus, on emploiera l'appareil Paulin, et on suivra l'instruction indiquée à l'article 6.

ARTICLE 10.

Feux de Rez-de-Chaussées.

On doit amener, pour un Feu de Rez-de-Chaussée, tous les
objets composant le matériel.

A son arrivée, le Chef supérieur examine les localités pour
déterminer l'attaque.

Si le feu est dans la pièce du devant, il faut fermer avec
soin les issues sur l'allée, sur l'appartement de derrière ou
sur l'escalier, et attaquer le feu de front, en ayant soin de
noircir les boiseries et les planchers (†). Si le feu gagnait sur
l'arrière, il faudrait l'attaquer dans cette partie, pour le re-
fouler sur son centre et empêcher que, par les croisées, il
n'atteignît les étages; il faut enfin l'attaquer des deux côtés,
s'il avait gagné l'avant et l'arrière, ou s'il n'était que sur
l'arrière, pour éviter la communication. Il est essentiel de
ménager les vitres et de ne pas ouvrir un passage de plus à
l'air ou à la flamme; les Porte-Lances devront donc avoir
soin de diriger leurs lances obliquement quand ils devront
mouiller les fenêtres.

Si dans l'appartement il existe des matières grasses ou al-
cooliques, il faut éviter de jeter de l'eau dessus, à moins que
ce ne soit en très grande quantités, sans quoi les matières
pétillent et peuvent cruellement brûler les personnes qui les
avoisinent. Il faut, autant que possible, dans ce cas, se servir de fumier ou de couvertures mouillées, pour intercepter
l'air, et alors jeter sur ces objets beaucoup d'eau, pour les
empêcher de prendre feu à leur tour.

Les hangars, remises, écuries, offrent souvent de grandes

. (†) On appelle *noircir*, diriger l'eau avec abondance sur les bois échauf-
fés ou déjà enflammés, pour les éteindre entièrement.

difficultés, parce qu'ils renferment des objets très combustibles, qui donnent à la flamme la faculté de monter rapidement, et d'atteindre bientôt la charpente et la toiture; il faudra alors préserver le plus possible du feu, les pièces principales de l'édifice. Lorsqu'on ne pourra y parvenir, qu'on craindra la chute de certaines parties, ou qu'on sera obligé de couper, il faudra donner les ordres nécessaires pour éviter que les hommes ne soient exposés à être écrasés.

ARTICLE 11.

Feux de Chambres.

Il faut amener tout le matériel, et avant de faire développer, mesurer approximativement la longueur de conduits nécessaire pour arriver le plus près possible du feu.

Les conduits devront être placés verticaux, rampants et horizontaux. Chaque fois qu'il s'agit de porter l'eau à un lieu élevé, on doit, autant que possible, placer les conduits de manière à pouvoir les allonger ou les raccourcir au besoin, et ainsi éviter que le poids de la colonne d'eau qui les remplit ne donne beaucoup de mal pour les placer et les maintenir.

Il faut toujours commencer un établissement mixte par la partie verticale, s'il doit y en avoir une; par la partie rampante ensuite, et par la partie horizontale en dernier lieu. S'il faut poursuivre le feu, on se sert de la partie horizontale qui doit être la plus longue; si elle ne suffit pas, on convertit aisément la partie rampante en partie verticale en jetant les conduits par dessus la rampe : on gagne ainsi plus de conduits pour augmenter la longueur de la partie horizontale.

D'après la construction ordinaire des escaliers, l'établissement horizontal est d'un quart moins long que l'établissement rampant, et l'établissement rampant a deux fois au moins autant de développement que l'établissement vertical.

Le Commandant des Pompiers fera alors arroser les poutres, solives, enchevêtrures, jusqu'à extinction du feu, en commençant toujours par les points qui menaceraient de communiquer aux autres parties du bâtiment.

On devra conserver, le plus possible, les entrées et l'escalier de la maison, et n'entrer que par les escaliers et les portes pour préserver les issues. Dans le cas où le feu communiquerait à l'extérieur du bâtiment, sans cesser l'attaque intérieure, il sera bien d'établir une pompe à une croisée vis à vis, et d'en diriger le jet contre les murs embrasés.

Si le feu était aux planchers, il faudrait faire lever le parquet et introduire entre le parquet et les poutres une grande quantité d'eau; lorsque le feu serait arrêté, dégarnir le plancher jusqu'à ce qu'on eût trouvé le foyer.

ARTICLE 12.

Feux de Combles.

Les Feux de Combles ressemblent beaucoup aux feux de greniers et de hangars, dont il est parlé à l'article 10.

Il faut pourtant observer que dans les Feux de Toits, la pompe est dans la rue, et qu'elle doit être placée de manière que les matériaux qui tomberont de la toiture n'atteignent pas les travailleurs.

Dans ces Feux, il faut conserver les pièces principales de la charpente et surtout l'arbalétrier, l'entrait et le poinçon; avoir soin de ne pas diriger le jet contre la toiture, parce que, si elle est légère, elle serait enlevée par le jet, ce qui donnerait des courants d'air.

Il faut s'occuper d'empêcher le feu de gagner dans le voisinage, ce qui aurait lieu si le mur de pignon qui sépare les maisons ne monte pas au-dessus du comble embrasé. Dans ce cas, il est indispensable d'abattre les fermes les plus voisines de ce mur, afin d'isoler. Si le vent portait la flamme sur le voisinage, l'établissement devrait être dirigé contre le vent.

ARTICLE 13.

Grands Incendies.

Il faut amener tout le matériel, les seaux de réserve et le sac de sauvetage.

Le premier soin doit être de se procurer de l'eau : on commencera par faire fermer au château d'eau les lignes qui fournissent l'eau aux quartiers éloignés du sinistre, pour conserver toute l'eau pour la ligne qui alimente les regards du quartier incendié. Nul particulier n'a le droit de refuser passage pour arriver à son puits ou à la rivière ; s'il le refusait, on requerrait le Commissaire de police pour l'y contraindre, et à défaut de celui-ci, on peut enfoncer portes ou fenêtres pour se procurer accès.

Il faut, autant que possible, attaquer par les escaliers ; s'ils sont en feu, on devra s'introduire par les fenêtres, au moyen des échelles à crochets.

Si l'escalier d'une maison incendiée n'est plus praticable, et qu'il y ait dans les étages supérieurs des personnes à sauver, le Chef des Pompiers commandera : *Sac à terre, à l'échelle !* et fera parvenir le sac de sauvetage aux étages où il est nécessaire.

Après les personnes, on doit s'occuper de sauver les meubles précieux, faciles à transporter, tels que : papiers, argenterie, linge. A cet effet, les Sapeurs de l'escouade de sauvetage, sous les ordres du Sergent-Major, défonceront les meubles qu'ils pensent devoir contenir ces objets et les descendront. Les papiers surtout doivent être recueillis avec le plus grand soin, on les liera avant de les descendre.

C'est surtout dans les Grands Incendies qu'il faut veiller à ce qu'il n'y ait, dans la maison, aucun individu étranger aux Sapeurs, si ce n'est le propriétaire et les personnes dont il peut répondre.

Quand le feu est de nature à ne plus laisser d'espoir de sauver la maison, et que l'on peut en redouter la communication aux propriétés voisines, il faut abattre toutes les solives, poutres, etc., qui pourraient rester en l'air ; concentrer les pièces combustibles au rez-de-chaussée en se servant de la sape, des crocs, etc. Quand il ne restera plus aucune pièce embrasée suspendue, on jettera de la terre et du fumier sur le foyer, et on lancera l'eau dessus en abondance pour étouffer le feu.

Quand, malgré ces soins et par l'effet d'un vent violent, l'incendie menace de se propager dans le quartier, on doit faire la part du feu, et couper la communication en abattant une ou plusieurs maisons voisines. Dans ce cas, le Comman-

dant des Pompiers devra se munir préalablement de l'auto-
risation du Maire.

ARTICLE 14.

Feux de Meules de Blé ou de Magasins à Fourrages.

Comme la toiture des Meules est formée avec de la paille
en long, et que cette paille est moins tassée que celle qui
forme l'intérieur de la Meule, c'est la partie la plus combus-
tible et celle qu'il faut préserver en premier lieu. Il faut
donc jeter une grande quantité d'eau sur cette toiture, et le
plus possible dans la partie supérieure ; cette eau après avoir
éteint la partie supérieure coulera en nappe et viendra hu-
mecter les parois de la Meule. On s'occupera ensuite à éteindre le feu qui serait à la rencontre de la toiture avec le
cylindre de la Meule.

Cette opération faite, il faudra déblayer la Meule pour
être sûr que le feu ne couve pas.

Quand on manque d'eau on peut recouvrir les parois de la
Meule et la toiture avec de la boue ou du fumier pour arrêter
les premiers progrès du feu.

Dans les Magasins de Fourrages, il faut immédiatement
porter les secours à droite et à gauche du point embrasé, en
déblayant sur une largeur de quelques mètres. On établit
ensuite une nappe d'eau dans chacune de ces tranchées pour
empêcher le feu de se communiquer aux parties voisines.

Dans les Incendies de Villages, comme les bâtiments ont
moins de valeur que dans les villes et que les secours viennent souvent de lieux éloignés, on doit faire immédiatement
un isolement en sacrifiant la maison sous le vent.

ARTICLE 15.

Réparations pendant l'incendie.

Les accidents les plus fréquents sont des crevasses le long
des coutures des conduits, quand la pompe est manœuvrée

avec force. Si la crevasse est trop considérable, on enlève la demi-garniture et on raccourcit l'établissement; si elle peut se réparer promptement, on l'enveloppe avec la toile cirée que l'Aide-Pompe doit porter dans son sac à provision. On peut aussi y faire une ligature, c'est-à-dire rouler sur le conduit une petite corde goudronnée, de manière que chaque tour de la corde touche immédiatement celui qui le précède. La ligature doit commencer à huit centimètres au-dessus de la crevasse et finir à égale distance à l'autre extrémité, elle doit se terminer de chaque côté par un nœud.

On répare par le même procédé une fuite à la lance, en ayant soin, toutefois, de fixer l'extrémité de la corde à la boîte de la lance pour empêcher la ligature de couler. On emploie également la ligature pour consolider un levier qui éclaterait dans le sens de sa longueur.

Lorsque l'eau sera bourbeuse, on aura soin de passer la main sur les culasses, afin de les dégager de la boue qui pourrait boucher les trous de tamisage.

Il pourrait arriver que quelque corps étranger, s'étant introduit par les culasses sans gêner la manœuvre, fût venu jusqu'à la lance et obstruât la sortie de l'eau, ce qui pourrait faire crever les conduits. Dans ce cas, le Caporal porte-lance fera cesser la manœuvre, et démontera la lance en l'inclinant contre terre. En soufflant par l'orifice, il fera sortir ce qui gênait la sortie de l'eau.

Lorsque les pistons sont trop secs ou détériorés, ils laissent un vide entre eux et le corps du cylindre; alors l'eau, au lieu de se rendre dans le récipient, sort en partie par le vide, jaillit sur les hommes et les force à abandonner la manœuvre. Dans ce cas, on enveloppe la tige du piston d'un bouchon de paille ou de toile qui arrête l'eau à la sortie du cylindre, et permet aux travailleurs de continuer à manœuvrer.

Si le balancier cassait près du point d'appui, on détacherait la tige du piston, en le laissant dans son corps de pompe, et la pompe n'agirait que d'un côté, ce qui donnerait un jet moins fort et moins régulier; si le balancier n'était pas totalement rompu, on pourrait, au moyen d'un morceau de bois, relier les deux bras avec une corde, et continuer la manœuvre.

Lorsque la bâche fuit, on ferme les crevasses avec des matières que l'eau n'amollit pas, comme de la cire ou du suif.

Si le trou est un peu grand, on le bouchera avec un tampon. Dans tous les cas, ces objets doivent boucher les trous de l'intérieur à l'extérieur de la bâche, pour que l'eau de la bâche les soutienne.

ARTICLE 16.

Réparations après l'Incendie.

Lorsqu'une pompe revient d'un Incendie il faut suspendre les conduits perpendiculairement, et autant que possible, dans une cheminée d'évent, de manière que l'eau n'y puisse séjourner et que l'air puisse s'y introduire pour les sécher entièrement; il faut sortir les deux pistons, les nettoyer ainsi que les corps, les graisser, après en avoir fait disparaître le cambouis et la boue qui les couvrent. On éponge l'eau restée dans la bâche et dans le récipient. On lave la pompe et on démonte les roues pour dégager les fusées du gras qui, mêlé à la poussière, donnerait du frottement dans la marche.

Il suffit de graisser les conduits deux fois l'an, et, autant que possible, dans les grandes chaleurs.

Lorsqu'on veut graisser les conduits, on les tend horizontalement par les deux extrémités, on les gratte avec une lame de couteau émoussée, afin de retirer toute la boue qui a fait croûte avec le gras; on fait sécher ensuite les conduits au soleil et on les graisse avec du saindoux sans sel, auquel on ajoute un cinquième de goudron liquide qui, par son odeur, éloigne les rats et les vers.

Lorsque les conduits sont ainsi enduits de gras, on les remet à terre au soleil, pour que le cuir en soit bien pénétré dans toute son épaisseur.

Avant d'être graissés, les conduits doivent être essayés à l'eau, afin de pouvoir apercevoir les fuites et les réparer.

Les seaux en toile sont lavés et pendus ensuite à une corde pour les faire sécher : un pendoir est organisé à cet effet dans le corps-de-garde de l'Hôtel-de-Ville.

ARTICLE 17.

Devoirs des Sapeurs-Pompiers de chaque grade pendant un incendie.

Lorsque le tocsin annonce un incendie, les Sergents, Sapeurs porte-conduits, Sapeurs servants, Serruriers et Aide-Pompes doivent se rendre à la remise de leurs pompes pour les amener au lieu du sinistre.

Les Officiers, Sergent-Major, Fourrier, Caporaux porte-lances, Caporaux tête-chaînes, Sapeurs porte-haches et Sapeurs sauveteurs se portent directement au feu.

Les devoirs de chacun sont établis comme suit :

Sapeurs Sauveteurs.

Ils sont au nombre de huit, savoir : un Sapeur pris dans chacune des six escouades de ville, et deux Sapeurs porte-haches. Ils sont sous la direction du Sergent-Major; à son défaut, d'un des leurs désigné, à cet effet, comme suppléant, par le Capitaine. — Les Sapeurs sauveteurs montent immédiatement aux étages de la maison incendiée et en retirent les objets précieux et transportables. — Ils sont munis d'un cordeau qu'ils attachent à l'anneau de la ceinture. — Ils déposent les objets sauvés dans un lieu sûr, sous la surveillance de la garde nationale. — Quand le sauvetage est fini, ils retournent à leurs pompes respectives.

Porte-Conduits.

Ils soutiennent les conduits surtout dans les établissements verticaux. — En l'absence du Caporal porte-lance, ils doivent en remplir les fonctions.

Servants, Serruriers, Aide-Pompes.

Ils restent à leurs pompes et ne doivent pas s'en écarter sans permission.

Sapeurs Porte-Haches.

Ils s'informent de suite s'il y a des personnes à sauver, et dans ce cas, emploient immédiatement le sac de sauvetage.

Ils accompagnent, dans la reconnaissance, le Sergent de leur escouade, afin d'ouvrir les communications et issues dont il pourrait avoir besoin pour le service de sa pompe. Ils se réunissent ensuite sous les ordres de l'Officier des Sapeurs pour exécuter les travaux de sape, s'il y a lieu.

CAPORAUX TÊTE-CHAÎNES.

Ils déterminent la prise d'eau qui doit alimenter leurs pompes et distribuent les seaux aux citoyens qui forment la chaîne. — Ils parcourent constamment la chaîne et empêchent qu'un faux commandement ne vienne la rompre. — Les Officiers de Pompiers peuvent seuls rompre les chaînes où les faire changer de direction.

CAPORAUX PORTE-LANCES.

Avant l'arrivée des pompes, les Porte-Lances étudient les abords de la maison incendiée et les moyens les plus prompts pour parvenir à leurs postes. — Lorsque leurs pompes sont prêtes à manœuvrer et qu'ils ont fait la reconnaissance avec le sergent, ils prennent la lance et se font accompagner par le premier porte-conduit qui ne doit jamais les quitter.

SERGENTS CHEFS DE POMPES.

Au départ de leurs pompes, ils font placer les échelles sur les balanciers, et si c'est la nuit, allumer les torches.

Arrivés au lieu du sinistre, ils font la reconnaissance du feu, avec un Sapeur porte-hache et leur Caporal porte-lance, et ils le placent ainsi que les porte-conduits; ils empêchent les Sapeurs de leur escouade de s'éloigner de leurs postes, et veillent à la conservation du matériel.

FOURRIER.

Il ne doit pas quitter le Commandant des Pompiers, dont il reçoit directement les ordres, pour les transmettre aux divers services.

SERGENT-MAJOR.

Il dirige l'escouade de sauvetage et vient ensuite se mettre à la disposition du Capitaine des Pompiers.

Lieutenants.

Les Lieutenants réunissent, autant que possible, les deux pompes de leur division, pour faciliter leur surveillance; ils font l'appel et portent au rapport les noms des manquants.

Ils ne doivent pas perdre de vue la position de leurs porte-lances et porte-conduits, afin de les avertir du danger et prévenir les accidents.

Capitaine Commandant.

Les devoirs de l'Officier commandant résument toutes les instructions détaillées ci-dessus. — Il surveille et dirige tous les secours. — Les ordres doivent émaner de lui et rien ne doit s'exécuter sans qu'il en soit instruit.

Il doit visiter les chaînes, s'assurer de la sûreté des postes de chacun, connaître la nature de l'incendie, son importance, ses chances d'accroissement, s'inquiéter de la direction, de la force du vent; enfin ne pas oublier que sa mission entraîne avec elle une grave responsabilité, dont il ne peut se montrer digne qu'en apportant beaucoup de calme et d'énergie.

Ses ordres doivent être clairs et donnés avec sangfroid, car un commandement mal compris ou mal exécuté peut amener les conséquences les plus déplorables.

ARTICLE 18.

Organisation pendant l'Incendie et Transmission des Commandements.

Pour éviter la confusion dans un incendie, le Commandant des Sapeurs-Pompiers doit avoir un porte-voix pour faire mieux entendre ses ordres; il a en outre toujours près de lui le Sergent-Major ou le Fourrier de service, qui est à sa disposition pour transmettre ses commandements.

Les ordres généraux s'adressent, du Chef des Pompiers, aux Lieutenants qui les font exécuter au moyen du sifflet de commandement.

Les Sergents chefs de pompes et les Caporaux porte-lances ont également des sifflets pour correspondre entre eux.

Chaque division a son coup de sifflet distinct : la première, un coup ; la deuxième, deux coups ; la troisième, trois coups ; et la quatrième, quatre coups.

Lorsque les deux escouades de la même division sont ensemble, on distingue les commandements qui s'adressent à la deuxième pompe de la division, en faisant précéder le coup ou les coups de sifflet d'un appel de langue bref.

Les commandements au sifflet ont pour but de faire remplacer la manœuvre qui s'exécute par la manœuvre contraire. Ainsi, quand la pompe est au repos, le coup de sifflet ordonne la manœuvre ; quand la pompe est en manœuvre, le coup de sifflet la fait cesser.

De la part du Caporal porte-lance, le coup de sifflet, pendant le repos, avertit le Sergent chef de pompe que le Caporal est placé et qu'il demande de l'eau ; si le coup de sifflet du Porte-Lance est entendu pendant la manœuvre, il veut dire qu'un évènement quelconque l'oblige à quitter le poste où il est placé, et qu'il faut arrêter la charge jusqu'au nouveau coup de sifflet qui fera recommencer la manœuvre.

Lorsque dans le tumulte d'un incendie les coups de sifflet ne peuvent se faire entendre du Caporal porte-lance au Sergent, les Porte-Conduits qui sont placés dans l'intervalle doivent transmettre l'ordre.

Le coup de sifflet du Sergent, quand la pompe manœuvre, est pour faire comprendre au Caporal qu'il faut ramener, c'est-à-dire rompre l'établissement, soit que le feu soit fini, soit que, par ordre du Commandant, la pompe doive prendre une autre position.

Il est très urgent que les Officiers, Sous-Officiers, et Caporaux porte-lances, s'habituent au commandement au sifflet, qui est plus bref et surtout plus distinct au milieu des voix confuses et du tumulte pendant l'incendie.

Quand l'incendie est terminé, le Commandant des Pompiers, d'accord avec le Maire, fait battre la retraite, il laisse l'escouade, et au besoin la division de service, de planton au lieu du sinistre, jusqu'à ce que toute apparence de danger ait cessé d'exister.

Il y aura toujours une inspection générale du matériel immédiatement après un incendie, pour vérifier l'état des pompes et des agrès et ordonner les réparations nécessaires.

Il est indispensable que les Sapeurs-Pompiers, quel que soit leur grade, arrivent en tenue au lieu de l'incendie.

La tenue sert à les reconnaître, et elle facilite la transmission des commandements.

Il est évident, toutefois, que si le hasard amène des Sapeurs-Pompiers, en tenue civile, au lieu du sinistre, ils peuvent porter les premiers secours jusqu'à l'arrivée des Sapeurs en tenue, auxquels ils laissent la direction des manœuvres. Ils doivent alors retourner s'équiper à leur domicile et revenir à leurs postes.

FIN DE LA THÉORIE.

Imp. de Laroche-Jacob.

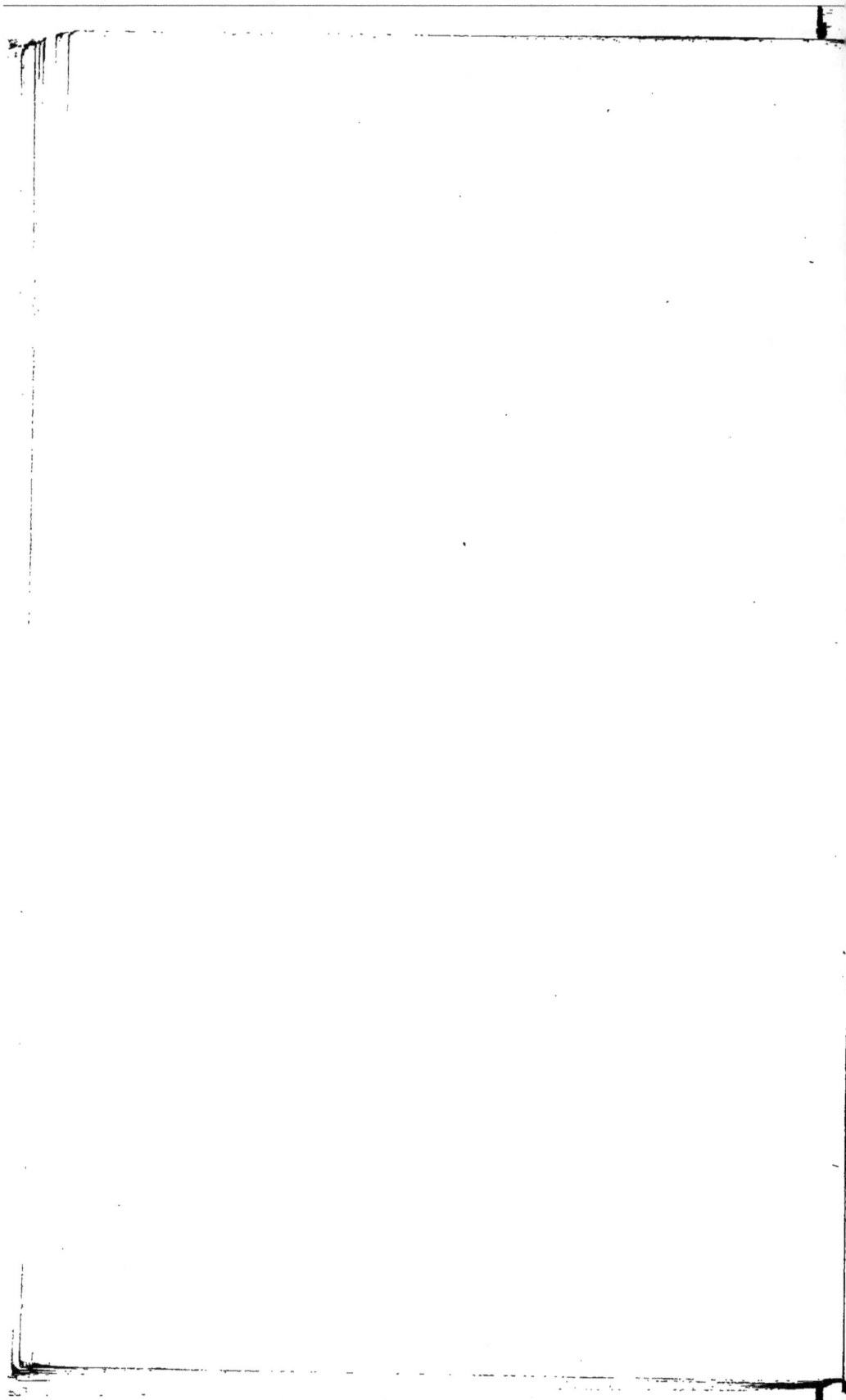

RÈGLEMENT.

—

Deuxième Partie.

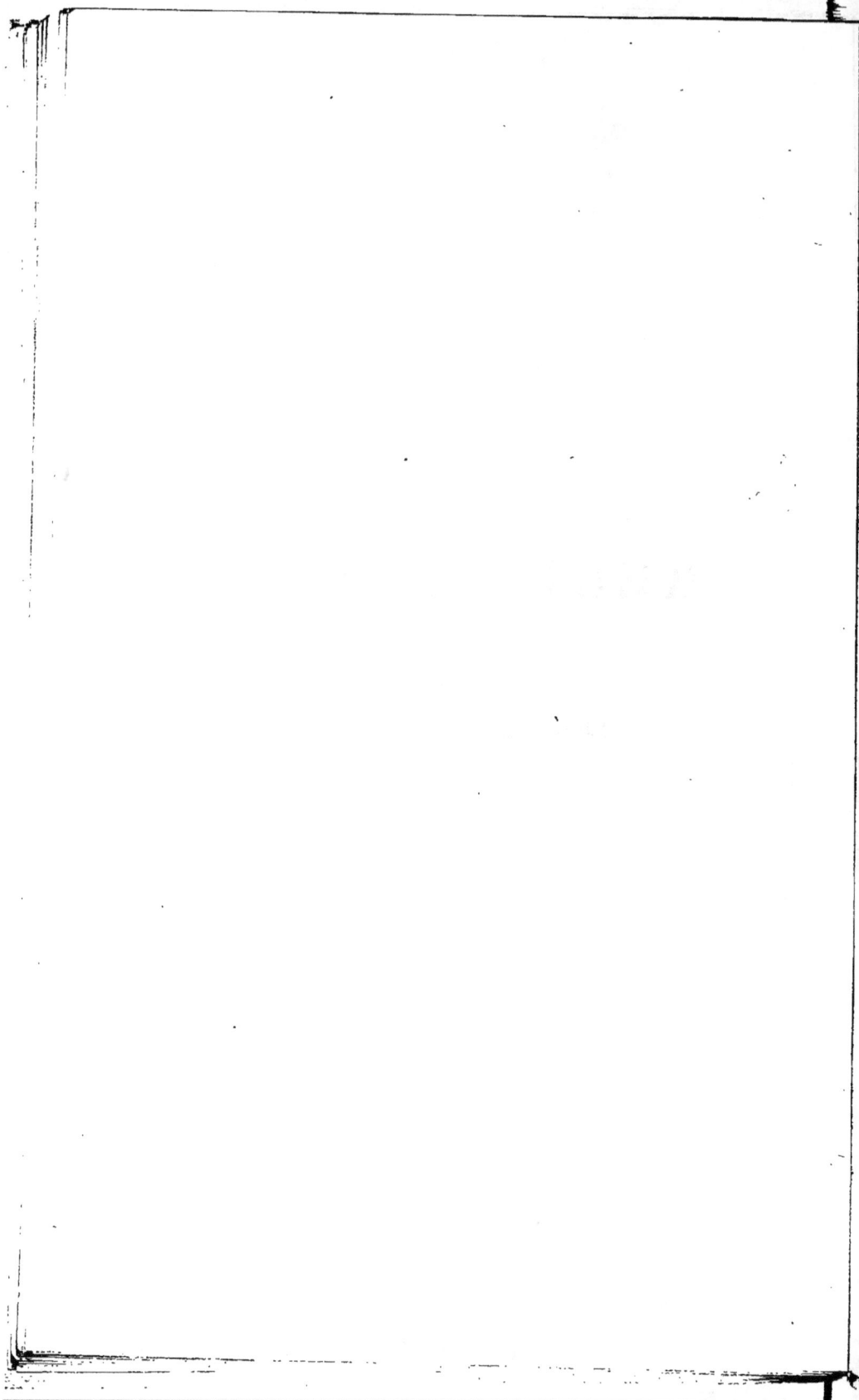

RÈGLEMENT.

Nous, Maire de la ville de Sedan (Ardennes), Chevalier des ordres royaux de la Légion-d'Honneur, du Lion Néerlandais et de Léopold de Belgique ;

Vu les articles 35, 40, 42, 66 et 73 de la loi du 22 mars 1831 ;

Considérant la nécessité d'organiser d'une manière régulière le service et l'administration de la compagnie des Sapeurs-Pompiers de cette ville,

Avons arrêté et arrêtons le règlement d'organisation suivant :

PREMIÈRE PARTIE.

ORGANISATION.

Article 1. — Destination de la compagnie et attributions de l'autorité.

La compagnie de Sapeurs-Pompiers est instituée pour porter secours dans les incendies qui se déclarent en ville, ainsi que dans les communes environnantes; elle doit faire le service des pompes à incendie, en cas de sinistre, veiller à la conservation du matériel et à son maintien en bon état; elle doit aussi suivre toutes les théories nécessaires pour exécuter avec connaissance et sécurité pour chacun, les manœuvres essentielles pour l'extinction des incendies et le sauvetage des personnes.

Pour son administration particulière, cette compagnie est placée sous l'autorité immédiate du Maire.

Au Chef de la compagnie, ou à l'Officier le plus élevé en grade après lui, appartiennent l'initiative des ordres et la latitude d'action concernant l'attaque du feu, et les diverses manœuvres qui ont pour résultat l'extinction de l'incendie et le sauvetage des personnes. Cependant il doit prendre l'avis des autorités arrivées sur le lieu du sinistre, surtout si la violence de l'incendie nécessite, pour le maîtriser, qu'on abatte une ou plusieurs maisons.

2. — Organisation de la compagnie.

La compagnie de Sapeurs-Pompiers doit se composer pour les exigences du service, de :

> 1 Capitaine en premier ;
> 1 Capitaine en second ;
> 2 Lieutenants en premier ;
> 2 Lieutenants en second ;
> 1 Sergent-Major ;
> 1 Sergent-Fourrier ;
> 8 Sergents ;
> 16 Caporaux ;
> 110 Sapeurs-Pompiers ;
> 2 Tambours.

Total. . 144 hommes.

La compagnie se compose de quatre divisions ; chaque division est commandée par un Lieutenant, et comprend les hommes du même quartier ; chaque division est formée de deux escouades ayant chacune une pompe ; chaque escouade est commandée par un Sergent. Une escouade se compose de :

> 1 Sergent chef de pompe ;
> 1 Caporal porte-lance ;
> 1 Caporal tête-chaîne ;
> 1 Sapeur aide-pompe ;
> 2 Sapeurs porte-haches ;
> 5 Sapeurs porte-conduits ;
> 1 Sapeur serrurier ;
> 4 Sapeurs servants.

Total. . 16 hommes.

Les Sapeurs porte-haches, réunis au lieu de l'incendie, forment une escouade de sape avec un Sergent et un Caporal; ils sont chargés de couper les charpentes, d'isoler les parties embrasées, et d'exécuter la manœuvre du sac de sauvetage et des cordages, s'il y a des personnes en danger : ils sont alors sous le commandement d'un Officier désigné par le Capitaine pour la direction de ce service spécial.

Nul ne sera admis Sapeur porte-hache, s'il ne justifie pas de son habileté à se servir de la hache, et à exécuter toutes les manœuvres d'escalade et de sauvetage.

Les Porte-Lances et les Porte-Conduits devront justifier de leur habileté à exécuter toutes les manœuvres d'escalade.

3. — Armes délivrées par l'état. — Équipement délivré par la ville.

Chaque Sapeur-Pompier recevra, à son entrée dans la compagnie, les armes mises par le gouvernement à la disposition de la ville pour le service spécial du corps. Ces armes porteront un numéro d'ordre. Le contrôle sera confié aux soins de l'Officier chargé de l'armement pour lui servir lors des inspections et des rentrées des armes à l'arsenal.

Chaque Sapeur-pompier, à son entrée dans la compagnie, recevra de la ville les objets d'équipement reconnus nécessaires et dont la fourniture aura été votée par le conseil municipal. Chacun de ces objets sera numéroté, et l'Officier chargé de l'équipement aura un contrôle de ces numéros pour lui servir lors des inspections et des rentrées en magasin.

4. — Admission dans la compagnie et sortie de ce corps.

Lorsque l'effectif de la compagnie ne sera pas au complet, le conseil de recensement, sur les demandes qui lui seront soumises, pourra le compléter, en suivant les règles prescrites par l'article 40 de la loi du 22 mars 1831.

Le Maire prévient le Commandant du bataillon des admissions autorisées par le conseil de recensement; celui-ci en fait part au Capitaine qui transmet les noms des Sapeurs nouveaux au Lieutenant chargé du contrôle de la compagnie, en lui indiquant l'escouade et le poste qu'il assigne au Sapeur reçu. Le Lieutenant lui délivre alors un bon d'armemen et un bon d'équipement, pour recevoir les armes et objets d'équipement fournis par l'état et par la ville.

Lorsqu'un Sapeur-Pompier quitte la compagnie, le Capitaine, après avoir envoyé sa démission au conseil de recensement, par l'intermédiaire du Commandant, en prévient le Lieutenant comptable, pour qu'il ait à le rayer du contrôle de la compagnie; celui-ci remet au Sapeur démissionnaire un bulletin pour rendre les armes et objets d'équipement aux Officiers chargés de ces spécialités; ceux-ci ne les accepteront que s'ils sont en bon état; dans le cas contraire, ils suivront, pour les réparations ou renouvellements d'objets avariés, les lois et règlements sur la garde nationale.

5. — Services obligatoires pour la Compagnie des Sapeurs-Pompiers.

1° SERVICE DE LA GARDE NATIONALE.

La compagnie devra exécuter les ordres du Commandant du bataillon pour tous les services d'ordre et de sûreté commandés par l'autorité supérieure.

2° SERVICE DE SEMAINE ET DE QUINZAINE.

Tous les quinze jours et à tour de rôle, chaque Officier prendra le service d'incendie avec la division qu'il commande; il devra se trouver aux prises de service des deux escouades de la division. Ainsi, il y aura toujours une division de service d'incendie pendant quinze jours, et une escouade spécialement de service pendant huit jours.

Depuis le 1er avril jusqu'au 1er novembre, les hommes composant l'escouade qui prend le service de semaine, se réunissent à sept heures du matin à la remise de leur pompe; depuis le 1er novembre jusqu'au 1er avril, la prise de service a lieu à huit heures du matin.

L'appel fait et note prise des manquants, le lieutenant inspecte la pompe et ses agrès; il fait exécuter la théorie, et ordonne de pomper à vide, pour s'assurer que, l'air arrivant bien à l'extrémité des conduits, la pompe se trouve en bon état de service.

Le service de spectacle sera toujours commandé à tour de rôle parmi les Sapeurs d'escouade de semaine.

L'Officier remettra, dans la journée, au Capitaine le rapport qui devra indiquer la situation de la pompe, les noms des manquants, et la note des permissions qu'il aura jugé à propos d'accorder. Mais il ne devra, autant que possible, accorder qu'une permission dans chaque escouade, pour ne pas entraver le service.

L'Officier de service, muni de sa médaille, se rendra au théâtre à l'heure de la représentation, pour s'assurer si les hommes sont présents à leur poste, et pour voir si le service se fait régulièrement. Il ne peut, pendant les quinze jours de son service, s'absenter de la ville sans en prévenir le Commandant de la compagnie, afin que celui-ci puisse déléguer un autre Officier au commandement de la division de service.

3° REVUES SEMESTRIELLES ET MANOEUVRES.

Dans la première quinzaine d'avril et d'octobre, le Maire, le Commandant de la garde nationale et le Capitaine des Sapeurs-Pompiers, passeront une revue de détail de l'équipement et du matériel de la compagnie, pour s'assurer de l'état de chaque objet et des besoins que le service peut éprouver.

Le Capitaine devra remettre, dans la huitaine, à la Mairie, un rapport sur cette inspection.

Il y aura également, pendant la belle saison, deux grandes théories, où la compagnie entière simulera des attaques et exécutera toutes manœuvres applicables dans les incendies.

4° FEUX DE CHEMINÉES ET INCENDIES.

Lorsqu'un Feu de Cheminée sera signalé, la division de service est seule obligée de se rendra au lieu du sinistre avec ses pompes.

A un incendie, la compagnie entière doit s'y trouver avec tout son matériel.

C'est l'escouade, et au besoin la division de service, qui reste de planton au lieu du sinistre après l'extinction du feu.

5° SERVICE DE SPECTACLE.

Le poste de Sapeurs-Pompiers au Spectacle sera composé de :
1 Caporal ; — 4 Sapeurs ; — 1 Tambour.

Le rapport de chaque représentation sera adressé par le Caporal au Sergent de semaine ; il portera l'heure à laquelle la ronde aura été terminée.

6. — Budget de la compagnie.

Les dépenses annuelles occasionnées par le service, tels que l'achat, l'entretien et les réparations des pompes et de leurs agrès, du matériel et de l'équipement nécessaires, sont acquittées par la ville; en conséquence, le conseil municipal vote annuellement au budget la somme applicable à ces dépenses.

7. — Administration de la compagnie.

L'Administration de la Compagnie est répartie comme suit :

1° Un Lieutenant est chargé de l'équipement appartenant tant à la ville qu'aux Sapeurs-Pompiers; il veille à ce que les objets confiés aux Sapeurs soient maintenus en bon état de service; il a un registre spécial où toute sa comptabilité doit toujours être en règle et par numéros d'ordre.

2° Un Lieutenant est chargé de la comptabilité, de la tenue du registre matricule de la compagnie et de tout ce qui regarde le personnel.

3° Un Lieutenant est chargé de l'inspection de l'armement appartenant à l'état; il s'entend pour ce service avec l'Officier d'armement de la garde nationale.

4° Un Lieutenant est chargé de l'entretien des pompes et des agrès; il fait exécuter les réparations ordonnées par le Capitaine, et il vérifie les mémoires après les avoir fait accepter par le Sergent de l'escouade, et l'Officier de la division où la réparation a eu lieu. Il doit avoir un registre sur lequel il inscrit toutes les réparations faites à chaque pompe ainsi que le relevé des mémoires réglés. Tous les six mois les Officiers soumettent au Capitaine leurs registres de comptabilité qui devront toujours être en ordre.

Le Capitaine distribue les diverses comptabilités aux Officiers sous ses ordres et il est chargé de la surveillance de tous les services.

8. — Secours votés par la ville.

Par délibération du conseil municipal du 4 mai 1833, il a été adopté, en principe, que des secours seraient alloués par la ville aux Sapeurs-Pompiers qui seraient blessés, et aux veuves et enfants de ceux qui seraient tués dans l'exercice de leurs fonctions.

DEUXIÈME PARTIE.

RÈGLEMENTS PARTICULIERS.

9. — Circonscription de la ville par divisions.

Pour la commodité du service, la ville est partagée en quatre divisions, comme suit :

PREMIÈRE DIVISION. — 1re ET 2e ESCOUADES.

Elle s'étend depuis la porte du faubourg du Ménil, jusqu'au côté nord de la place de la Halle inclusivement, et comprend le faubourg du Ménil, la rue du Ménil avec les rues aboutissantes, la place de la Halle et la partie de la rue des Voyards jusqu'à l'angle de la place de la Halle. Les deux pompes de cette division sont remisées à la Halle.

DEUXIÈME DIVISION. — 3e ET 4e ESCOUADES.

Elle s'étend depuis le côté nord de la place de la Halle exclusivement jusqu'à la rue Saint-Michel inclusivement. Elle comprend les rues Maqua, des Voyards, au Beurre, les places d'Armes et du Collège, les rues des Laboureurs, Sainte-Barbe, des Francs-Bourgeois, Napoléon et de l'Horloge, jusqu'à la rue St-Michel et rues aboutissantes. Les deux pompes de cette division sont remisées au bâtiment du Collège.

TROISIÈME DIVISION. — 5e ET 6e ESCOUADES.

Elle s'étend depuis la rue Saint-Michel inclusivement jusqu'à la porte du faubourg de la Cassine, et comprend les rues Napoléon et de l'Horloge et partie de la rue St-Michel, la rue du Rivage, places du Château, du Rivage et de Turenne, rues du Pont-de-Meuse, des Tanneurs, des Caquettes, de Rovigo, du Faubourg de la Cassine et rues aboutissantes. Les deux pompes de cette division sont remisées à l'Hôtel-de-Ville.

QUATRIÈME DIVISION. — 7e ESCOUADE.

Elle comprend tout le faubourg du Fond-de-Givonne jusqu'à la limite de l'octroi. La pompe de cette division est remisée dans le bâtiment de l'Ecole communale.

Les Sapeurs attachés à chaque escouade doivent, autant que possible, appartenir à la circonscription de leur division.

Ils seront appelés à changer d'escouade quand ils changeront de domicile.

10. — Désignation des regards et des prises d'eau dans la circonscription de chaque division.

Indépendamment des puits et fontaines particulières, ainsi que des pompes à feu auxquelles on pourrait avoir recours dans un incendie considérable, les regards, prises d'eau et fontaines publiques sont répartis comme suit, dans chaque division :

PREMIÈRE DIVISION.

1° Fontaine publique au faubourg du Ménil ;

2° L'abreuvoir ;

3° Fontaine publique et regard au coin des rues Bastion-de-Turenne et du Ménil ;

4° Regard près du poste de la Halle ;

5° Fontaine et regard au coin de la place de la Halle, près de la maison Labauche ;

6° Fontaine et regard à la jonction de la place d'Armes et de la place de la Halle.

DEUXIÈME DIVISION.

1° Fontaine et regard à droite du portail du Collège ;

2° Fontaine et regard sur le côté gauche du portail de l'Eglise ;

3° Regard derrière le chœur de l'Eglise ;

4° Fontaine et regard rue Sainte-Barbe, au coin de la rue de l'Horloge ;

5° Abords faciles au canal par la rue de l'Ile et les remparts, dans le cas ou un incendie se déclarerait au haut de la rue des Laboureurs.

TROISIÈME DIVISION.

1° Regard à l'angle de la rue Saint-Michel et de la rue Napoléon, maison Termonia ;

2° Fontaine rue Saint-Michel, vis à vis la maison Frédéric Bacot ;

3° Fontaine et regard rue de l'Horloge ; au bâtiment des Sœurs, rue Saint-Michel ;

4° Fontaine place du Château ;

5° Regard place du Château, au coin de la rue d'En-Bas ;

6° Fontaine place du Barbeau.

7° Fontaine et regard rue du Rivage, près de la Maison d'arrêt ;

8° Pompe aspirante et foulante au Théâtre, et pouvant, à l'aide de ses conduits, alimenter d'eau une pompe placée aux abords du théâtre;

9° Ouverture au canal place Turenne;

10° Regard et fontaine au coin de la rue Larochefoucault et de la rue de La Marck;

11° Fontaine place d'Harcourt, derrière la Mairie;

12° Fontaine rue de Rovigo;

13° Fontaine faubourg de la Cassine;

14° Abords faciles au canal et à la Meuse.

QUATRIÈME DIVISION.

Les pompes, puits et fontaines particulières, peuvent seuls alimenter d'eau le Fond-de-Givonne.

Les regards et fontaines forment quatre lignes désignées par numéros au château d'eau, place du Château.

La ligne n° 1 comprend les prises d'eau de la place du Château, rues de la Rochefoucault, du Rivage et environnantes.

La ligne n° 2, celles de la rue de l'Horloge, de la rue Saint-Michel et rues environnantes.

La ligne n° 3, celles de la rue des Francs-Bourgeois, place du Collège et rues adjacentes.

La ligne n° 4, celles de la rue Sainte-Barbe, places d'Armes et de la Halle, et la rue du Ménil.

En cas d'incendie, il faut fermer au château d'eau les lignes qui n'aboutissent pas au lieu du sinistre, afin de réserver toute l'eau pour les fontaines et regards au quartier où est l'incendie.

Les regards servent à puiser l'eau avec des seaux pour alimenter les chaines.

Quand les regards sont assez près des pompes, on peut adapter à la tige fixée au fond du regard, des conduits alimentaires qui, formant chaine, amènent directement l'eau dans les bâches.

Il faut employer ce dernier moyen toutes les fois qu'il est praticable : en obtient ainsi un approvisionnement continu sans avoir recours aux chaines.

11. — Règlement des tenues.

1° INCENDIES, INSPECTIONS GÉNÉRALES, GRANDES MANOEUVRES.

Officiers. — Casque sans chenille; redingote courte avec

épaulettes; pantalon de coutil; ceinture de manœuvre avec poignard; sifflet de commandement.

Sergent-Major et Sergent-Fourrier.—Casque sans chenille; veste sans épaulettes avec les galons distinctifs; pantalon de coutil; ceinture de manœuvre.

Sergents chefs de pompes. — Casque sans chenille; veste sans épaulettes avec les galons distinctifs; pantalon de coutil; ceinture de manœuvre; sifflet de commandement.

Caporaux porte-lances. — Casque sans chenille; veste sans épaulettes avec les galons distinctifs; pantalon de coutil; ceinture de manœuvre; sifflet de commandement et cordeau en bandoulière.

Caporaux tête-chaînes et Sapeurs servants. — Casque sans chenille; veste sans épaulettes avec galons distinctifs; pantalon de coutil; ceinture.

Sergent, Caporal, et Sapeurs porte-haches. — Casque sans chenille; veste sans épaulettes avec galons distinctifs; pantalon de coutil; ceinture et cordeau en bandoulière.

Sapeurs porte-conduits.—Casque sans chenille; veste sans épaulettes; ceinture et cordeau à l'anneau.

2° INSPECTION DE POMPE. — SERVICE DE SEMAINE.

Officiers et Sergents. — Schako couvert; redingote avec épaulettes; pantalon à bandes et épée.

Caporaux et Sapeurs.—Bonnet de police; veste sans épaulettes; pantalon de coutil et ceinture.

3° REVUES D'INSPECTION ET GARDES.

Grande tenue avec schakos.

4° REVUES D'HONNEUR.

Grande tenue avec casques.

5° ENTERREMENT D'UN OFFICIER.

Grande tenue avec casque; Sapeurs porte-haches en tête avec leurs haches et fusil en bandoulière.

6° ENTERREMENT D'UN SOUS-OFFICIER, CAPORAL ET SAPEURS.

Grande tenue avec schakos.

7° VISITES DE CORPS.

Grande tenue, casque et épée.

8° SERVICE DE THÉATRE OU AUTRE DE PRÉCAUTION COMMANDÉ
PAR LE MAIRE.

Même tenue qu'à l'incendie.

La grande tenue est la même que celle des troupes du génie militaire : giberne avec deux baches surmontées d'une grenade; la veste et le bonnet de police modèle du génie.

12. — Officier pour l'escouade de sape.

Un Lieutenant sera commandé pour surveiller spécialement l'escouade de sape dans un incendie. Il veillera à ce que les travaux de sape soient convenablement faits, et évitera surtout les manœuvres qui pourraient occasionner des accidents.

Un Lieutenant sera commandé pour faire le service de la division de l'officier chargé de l'escouade de sape.

13. — Service d'ordre et de sûreté pendant les incendies combiné avec la garde nationale et la garnison.

La police de la maison incendiée appartient au Commandant de la garde nationale. Il fera poser un factionnaire à chacune des entrées de la maison incendiée, et donnera pour consigne de ne laisser entrer que les Sapeurs-Pompiers, les Autorités civiles et militaires revêtues de leurs insignes, et les habitants de la maison qui se feront reconnaître.

La police de sauvetage appartient au Commandant des Sapeurs-Pompiers. A cet effet, six Sapeurs sont commandés, pris à tour de rôle, dans chacune des six escouades de la ville, pour veiller au sauvetage des effets transportables. Cette section est sous les ordres du Sergent-Major; à son défaut, sous ceux du Fourrier. Celui-ci fera placer les objets sauvés dans un lieu convenable, sous la surveillance de la garde nationale. Les Sapeurs chargés du sauvetage retourneront à leurs pompes quand leur service spécial sera terminé. Toutefois, ils feront le service de police à chacune des entrées de la maison incendiée, jusqu'à l'arrivée des factionnaire fournis par la garde nationale.

La seconde zone de police sera occupée par la troupe de ligne. A cet effet, l'Officier commandant le piquet d'hommes armés d'infanterie, s'entendra avec le Commandant de la garde nationale pour la place que ses hommes devront occuper, afin de former devant les pompes un espace libre, où ils ne laisseront pénétrer que les Autorités civiles et militaires revêtues de leurs insignes, les Sapeurs-Pompiers et les habitants de la maison qui se feront reconnaître. Le peloton fera face au lieu du sinistre, pour l'isoler de la foule et prévenir les accidents.

La troisième zone de police sera confiée à la garde nationale. Celle-ci fermera les entrées des rues, enveloppera le lieu occupé par les secours, et fournira un piquet pour veiller à la conservation des effets qui auront pu être sauvés de la maison incendiée. Elle ne laissera sortir de sa ligne que les citoyens trop fatigués pour continuer à porter aide, et vérifiera tous les paquets sortant de l'enceinte du sinistre, pour empêcher les vols et les désordres. Ce service, qui repose sur une consigne presque facultative, ne peut être confié qu'à la garde nationale qui peut mieux apprécier par sa connaissance des personnes, le degré de vérité des observations qui lui seront faites par les citoyens passant la ligne qu'elle occupe.

Les têtes de chaînes du côté de la prise d'eau seront, autant que possible, occupées par les soldats sans armes. Ils devront se conformer aux observations du Caporal des Sapeurs-Pompiers chargé de l'approvisionnement d'eau, et ils resteront à la chaîne où ils auront été placés, à moins d'ordre contraire, qui devra, dans ce cas, leur être communiqué par un Officier de pompier.

Les têtes de chaînes à la rivière seront éclairées la nuit par une torche, pour empêcher les accidents et la perte des seaux.

Ces divers services de police seront sous la surveillance immédiate du Commandant de la garde nationale.

14.—Instructions particulières à la 7ᵉ escouade située au Fond-de-Givonne.

1° Lorsque le guetteur annoncera un feu de cheminée, arrivé à Sedan, l'escouade du Fond-de-Givonne ne sortira pas sa pompe.

2° Si le guetteur annonce un incendie, l'escouade et la pompe arriveront en ville si c'est pendant le jour, mais si c'est la nuit l'escouade sortira sa pompe de la remise et restera en permanence jusqu'à ce que des ordres d'arriver en ville lui soient donnés par le Commandant des Sapeurs-Pompiers.

Dans aucun cas, l'escouade et la pompe du Fond-de-Givonne ne doivent quitter leurs quartiers pour porter des secours aux environs, et laisser ainsi leur faubourg sans secours.

Si un incendie se déclare au Fond-de-Givonne, le Sergent commandant l'escouade portera les premiers secours; s'il ne peut suffire, il enverra un homme prévenir le Capitaine des Pompiers et le guetteur de l'église Saint-Charles pour faire venir des pompes. Il donnera immédiatement avis au Capitaine de la compagnie du Fond-de-Givonne, qui fera battre le rappel de sa compagnie, pour maintenir le bon ordre et faire le service de police.

15. — Annonces des incendies et des feux de cheminées.

1° Les incendies s'annonceront par la petite et la grosse cloche, et par une sonnerie continue.

2° Les feux de cheminées seront annoncés par la petite cloche, qui sonnera seulement trois coups par intervalle.

3° Tous les feux, pendant la nuit, seront annoncés par la petite et la grosse cloche, et par une sonnerie continue.

4° Le guetteur indiquera par un drapeau rouge placé à la croisée de son logement, si l'incendie est dans le canton sud; et, par un drapeau bleu, s'il est dans le canton nord. Il annoncera, par le moyen d'un porte-voix, la section et la rue dans lesquelles le feu s'est déclaré.

5° La nuit, il placera à sa fenêtre une lanterne rouge pour le canton sud, et une lanterne bleue pour le canton nord. Il aura soin de placer ses signaux à celle de ses fenêtres qui regarde l'incendie.

16. — Incendies hors des murs de la ville.

La ville tient à la disposition des incendies *extra muros* une pompe de campagne montée sur train d'artillerie, attelée d'un cheval qui doit être fourni par le maître de poste. Cette pompe est remisée au Collége vis à vis de la poste aux chevaux.

Lorsqu'un incendie se déclare hors des murs de la ville, la pompe de campagne n° 8, escortée des premiers Sapeurs-Pompiers avertis, sort de la ville et se rend au lieu de l'incendie avec un seul Officier.

La division qui sort de service se rend avec ses deux pompes sur la place Turenne si l'incendie est dans cette direction, ou sur la place de la Halle s'il faut sortir par la porte du Ménil. Elle attend pour sortir l'ordre de marcher qui doit, dans ce cas, lui être communiqué par un Sapeur, envoyé par l'Officier commandant le premier détachement sorti avec la pompe de campagne. Si la division sort, elle est commandée par un Officier et précédée d'un tambour.

La division de service et la division qui doit prendre le service ensuite, ne doivent, dans aucun cas, ni sous aucun prétexte, sortir de la ville avec leurs pompes.

Les Sapeurs porte-haches de la division qui doit sortir l'accompagnent seuls. Les autres ne doivent pas quitter la ville où leur secours peut être nécessaire.

L'Officier de service, l'Officier qui prend ensuite le service, le Sergent-Major et le Sergent des Sapeurs porte-haches ne doivent, en aucun cas, quitter la ville pour se rendre à un incendie.

Cette consigne est absolument obligatoire, et toute infraction qui y sera faite sera punie sévèrement.

17. — Règlement relatif aux secours amenés par les communes voisines et réciproquement.

Lorsque les Commandants de Sapeurs-Pompiers des communes environnantes viennent avec leurs pompes porter secours dans un incendie en ville, ils doivent s'arrêter sur la place la plus rapprochée du lieu du sinistre, et envoyer un de leurs Sapeurs prévenir de leur arrivée l'Autorité civile, qui les mettra à la disposition et sous le commandement du Capitaine des Sapeurs-Pompiers de Sedan.

Réciproquement, quand les Sapeurs-Pompiers de Sedan viennent en aide aux communes environnantes, ils doivent, avant d'agir, prévenir de leur arrivée le Maire de la localité, qui les mettra, s'il y a lieu, à la disposition du Commandant des Sapeurs-Pompiers de la commune, quand même celui-ci serait inférieur en grade à l'Officier commandant le détachement de Sedan.

TROISIÈME PARTIE.

CONSEIL DE FAMILLE.

18. Composition de ce conseil.

Il existe un conseil de famille pour tout ce qui a rapport au service spécial de la compagnie.

Il se compose de :

> Le Capitaine Commandant, président;
> Un Lieutenant en premier;
> Un Lieutenant en second;
> Un Sergent;
> Un Caporal;
> Quatre Sapeurs;
> Le Sergent-Major ou le Fourrier, secrétaire sans voix
> délibérative;

En cas de partage des voix celle du Capitaine devient dominante.

Le conseil est constitué pour un an.

Les Officiers en font partie tour à tour.

Les six autres membres sont désignés à l'élection, nommés pour un an, et ne sont rééligibles qu'un an après leur sortie du conseil.

Les membres du conseil sont obligés de se rendre aux séances.

19. Attributions du conseil.

Le conseil est chargé de la gestion des fonds appartenant, tant à la caisse particulière qu'à la caisse générale de la compagnie.

Le conseil détermine et approuve les dépenses nécessaires pour l'enterrement d'un Sapeur-Pompier. L'excédant de la cotisation, s'il y en a, est versé à la caisse particulière.

Lorsque la compagnie se réunit pour un bal, un banquet ou toute autre circonstance extraordinaire, le conseil peut désigner les commissaires.

Il détermine les marchés et vérifie les comptes de dépenses.

20. — Caisse de la compagnie.

La caisse appartenant à la compagnie se composera des fonds versés comme suit :

1° Reliquat de la cotisation des enterrements.

2° Dons et gratifications accordés à la compagnie par les compagnies d'assurances et les particuliers.

21. — Division de la caisse.

La caisse se divise en caisse particulière et en caisse générale.

22. — Caisse particulière.

La caisse particulière est confiée à l'Officier chargé de la comptabilité : son actif ne pourra jamais dépasser cinq cents francs.

La caisse particulière sera employée à solder les diverses dépenses reconnues nécessaires par le conseil de famille pour l'entretien et l'amélioration de la tenue, de l'équipement, et pour tout ce qui, par sa nature, ne pourra pas être compris dans le budget voté par la ville.

Toutes les sommes excédant l'actif de 500 francs seront versées à la caisse générale de la compagnie.

23. — Caisse générale.

Les fonds appartenant à la caisse générale de la compagnie sont déposés à la caisse d'épargne.

Cette caisse se compose :

1° Des dons et gratifications accordés à la compagnie avec une désignation spéciale.

2° De toutes les sommes versées à la compagnie lorsque la caisse particulière aura un actif de 500 francs.

La caisse générale servira :

1° Au soulagement des Sapeurs-Pompiers blessés pendant le service ou dans un incendie.

2° A la formation d'une pension aux veuves et aux orphelins des Sapeurs-Pompiers tués ou rendus incapables de travailler par suite de blessures reçues pendant le service.

L'importance de ces secours sera fixé par le conseil de famille. Cependant les sommes affectées à cette destination ne

pourront être retirées de la caisse d'épargne qu'avec l'approbation du Maire.

Tous les six mois, l'officier chargé de la comptabilité remettra au capitaine un rapport sur la situation des deux
caisses : ce rapport sera soumis au conseil de famille et en-
registré sur le livre des délibérations.

24. — Enterrements.

La compagnie enterre à ses frais, et rend les honneurs
militaires à ceux de ses membres qui viennent à mourir. A
cet effet, une cotisation fixée par le conseil de famille est im-
posée à la compagnie pour subvenir aux frais du convoi.

Les honneurs militaires sont rendus comme suit :

> Au Capitaine, toute la compagnie en armes;
> Aux Lieutenants, leur division en armes;
> Aux sous-officiers et Caporaux et aux Sapeurs, leur
> escouade en armes.

Il est tiré trois salves : deux à l'entrée du cimetière et une
sur la fosse.

La compagnie tout entière doit accompagner le cortège,
en grande tenue et sabre.

Les sapeurs désignés pour le peloton en armes, et qui ne
pourront pas venir, devront se faire remplacer afin que le peloton soit au complet.

Les Sapeurs-Pompiers qui auront fait vingt ans au moins
de service dans la compagnie, et qui donneront leur démission
après l'âge de 55 ans, seront enterrés aux frais de la compagnie, et recevront les honneurs militaires dûs au grade qu'ils
avaient en quittant la compagnie, s'ils ont continué à con-
tribuer à la cotisation des enterrements des Sapeurs-Pompiers
en activité et en retraite.

Fait et arrêté en l'Hôtel-de-Ville à Sedan, le 15 février 1845.

Le Maire de Sedan,

FRANQUET-CHAYAUX.

Vu et apprrouvé :

Sedan, le 17 mars 1845,

Le Sous-Préfet,

DELOBELLE.

RÈGLEMENT

SUR LE SERVICE DES SAPEURS-POMPIERS

au théâtre.

Le Maire de la ville de Sedan, chevalier des ordres royaux de la Légion-d'Honneur et du Lion Néerlandais,

Ayant reconnu la nécessité de régulariser le service des Sapeurs-Pompiers au théâtre,

Arrête le règlement suivant :

ARTICLE PREMIER. Le service de spectacle sera fait par quatre Sapeurs, un Caporal et un Tambour.

ART. 2. Le détachement sera rendu au poste de la Mairie une demi-heure avant le commencement du spectacle, pour aller de là au théâtre.

ART. 3. Deux Sapeurs seront placés de chaque côté de la scène, derrière la dernière toile du fond. Ils devront avoir en main un croissant en bon état, et, à leur portée, un seau plein d'eau. Le Caporal et les deux autres Sapeurs se placeront au banc qui leur est assigné à l'orchestre; à la moitié de la représentation, le Caporal relèvera les deux factionnaires de la scène, ceux-ci finiront leur service au poste assigné à l'orchestre. Personne ne pourra s'absenter, ni pendant les entr'actes, ni pendant l'intervalle des pièces.

ART. 4. Le Caporal, à son arrivée au théâtre, s'assurera que les croissants et éponges sont en bon état, et les seaux remplis d'eau. Il fera jouer la pompe pour s'assurer que l'eau arrive aisément aux conduits.

Au milieu de la représentation, et à la fin du spectacle, il fera une ronde dans les cintres et dans les dessous du théâtre, afin de s'assurer qu'aucune lampe n'y reste allumée et qu'il n'y a aucun danger.

Il ne quittera le théâtre avec son détachement qu'après avoir fait la dernière ronde avec l'agent de police, et après l'entière extinction des lumières du théâtre, du lustre, de la rampe de l'orchestre et des loges.

Le lendemain matin, il remettra au Sergent-Major ou au Fourrier de service, le rapport, qui portera l'heure à laquelle il aura quitté le théâtre avec son détachement.

ART. 5. Les Sapeurs de faction sur la scène surveilleront particulièrement les portants de lumière, les herses, les pièces d'artifice, et la direction des armes à feu qui pourront être déchargées.

ART. 6. Si le feu se déclare au théâtre pendant la représentation, le Caporal et les deux Sapeurs qui seront à l'orchestre, sauteront sur la scène et se rendront à la pompe pour la faire jouer, pendant que les Sapeurs de faction abattront les parties embrasées, à l'aide des croissants, et développeront les conduits.

ART. 7. Le service du théâtre est obligatoire; les Sapeurs commandés qui ne se seront pas fait remplacer ou seront absents, seront portés au rapport et punis.

ART. 8. Chaque escouade de service fournira quatre hommes et un Caporal pour le théâtre, pendant la semaine; le service du dimanche sera fait par trois hommes et un Caporal de l'escouade de semaine, le quatrième homme sera fourni par la septième escouade dite du Fond-de-Givonne.

ART. 9. Le Tambour se tiendra à l'entrée du parterre avec sa caisse pour battre de suite au feu si l'incendie éclatait au théâtre.

ART. 10. L'Officier des Sapeurs-Pompiers de service est chargé de veiller à l'exécution du présent règlement.

Fait en l'Hôtel-de-Ville, le 7 novembre 1844.

Le Maire,

FRANQUET-CHAYAUX.

FIN.

Imp. de Laroche-Jacob, rue Napoléon, 22.

64

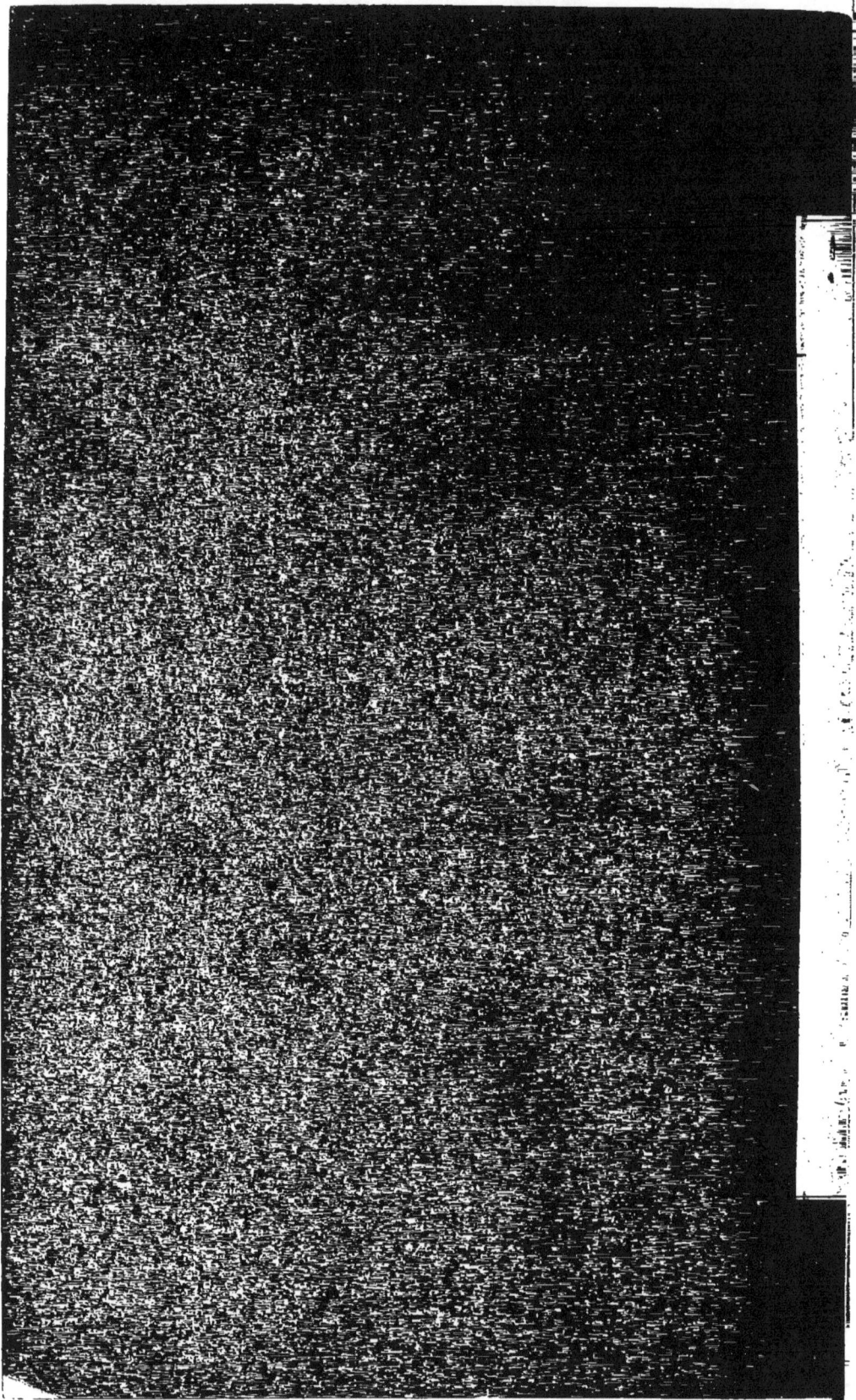

www.ingramcontent.com/pod-product-compliance
Lightning Source LLC
Chambersburg PA
CBHW070915280326
41934CB00008B/1737